혼의 잠재력을 제거하라
THE LATENT POWER OF THE SOUL

워치만 니

생명의말씀사

THE LATENT POWER OF THE SOUL
by Watchman Nee

Copyright 1972 Christian Fellowship Publishers, Inc., New York, U.S.A.
All rights reserved.

Korean Edition published by Word of Life Press, Seoul 1973, 2000, 2008, 2017.
Translated and published by permission.
Printed in Korea.

혼의 잠재력을 제거하라

ⓒ 생명의말씀사 1973, 2000, 2008, 2017

1973년 9월 25일 1판 1쇄 발행
1999년 2월 25일   21쇄 발행
2000년 4월 25일 2판 1쇄 발행
2007년 12월 25일   7쇄 발행
2008년 12월 10일 3판 1쇄 발행
2015년 8월 25일   6쇄 발행
2017년 11월 20일 4판 1쇄 발행
2024년 7월 1일   3쇄 발행

펴낸이 | 김창영
펴낸곳 | 생명의말씀사

등록 | 1962. 1. 10. No.300-1962-1
주소 | 서울시 종로구 경희궁1길 6(03176)
전화 | 02)738-6555(본사)·02)3159-7979(영업)
팩스 | 02)739-3824(본사)·080-022-8585(영업)

기획편집 | 유선영
디자인 | 박소정, 김혜진
인쇄 | 예원프린팅
제본 | 보경문화사

ISBN 978-89-04-03163-4 (03230)

저작권자의 허락 없이 이 책의 일부 또는 전체를
무단 복제, 전재, 발췌하면 저작권법에 의해 처벌을 받습니다.

혼의 잠재력을
제거하라

프롤로그

1924년 내가 처음으로 영과 혼의 분리에 대해 이야기했을 때 당시 이 이야기를 수용적으로 들어줬던 이들은 이 문제가 그다지 중대한 의미를 지니지 않는, 어휘에 관련한 사소한 논쟁에 지나지 않는다고 생각했다. 이들은 우리의 투쟁이 어휘 배후에 도사리고 있는 영적 사실에 관한 것임을 깨닫지 못했던 것이다.

영과 혼은 전적으로 다른 기관이다. 전자는 하나님께 속한 것이고 후자는 사람에게 속한 것이다. 어떤 명칭으로 불리든 이 둘은 본질적으로 완전히 다른 것이다. 많은 그리스도인들이 영과 혼의 개념을 혼동하거나 오해하여, 하나님의 역사를 방해하려는 악한 영의 궤계에 말릴 위험에 놓여 있다.[1]

---

[1] 본서의 저자는 영과 혼을 전혀 별개의 것으로 보는 '삼분설'(인간이 영과 혼과 몸으로 구성

필자는 『영에 속한 사람』(The Spiritual Man, 생명의말씀사 역간)에 이어 이 주제에 관련한 책을 집필하려고 했으나 건강상 문제와 사역 부담 때문에 실행에 옮기지 못했고 「리바이벌」(Revival)에 간신히 기고할 수 있었다. 감사하게도 이 기고문들은 독자들의 요청에 따라 본 소책자로 나왔다.

영과 혼의 차이점을 아는 것은 어떤 점에서 유익할까? 첫째, 혼의 숨겨진 힘을 알게 되며 둘째, 혼의 힘을 마치 성령의 능력인 것처럼 위장하는 것을 분별할 수 있게 된다. 이런 깨달음은 단지 이론에 머무는 것이 아니라 하나님의 길을 걷는 백성들에게 실질적인 도움이 된다.

어제 저녁, 필자는 마이어(F. B. Meyer)가 세상을 떠나기 직전 어느 모임에서 행했던 연설을 읽었는데, 여기에 일부 소개하면 다음과 같다.

"유사 이래로 이처럼 광범위한 강신술이 교회 밖에서 횡행하고 있다는 사실은 참으로 놀라울 뿐이다. … 이는 인간의 열등한 영역에

되어 있다고 보는 주장-편집자 주)을 채택하고 있다. 교회사를 거슬러 올라가보면 삼분설은 '일부' 신학자들에 의해서 주장되었으며 오늘날에도 '일부' 신학자들에게만 지지를 얻는 학설이다. 많은 신학자들은 인간이 영혼(영과 혼을 분리하지 않음)과 몸으로 구성되어 있다는 이분설을 수용한다. 생명의말씀사는 본서를 출간하지만, 인간의 구성 요소를 설명하는 데 있어 삼분설을 근거로 제시한 저자의 입장만을 유일하게 올바른 학설로 지지하고 있는 것은 아님을 분명히 밝힌다.

서 혼의 자극이 강하게 이뤄지고 있다는 사실을 보여주는 게 아니겠는가? 현대 사회는 온갖 허위로 가득 차 있어서 주님이 교회를 향해 '더 높은 곳으로 올라오라'고 부르시는 것 같다."

오늘날 영적 상황은 위험에 처해 있다. 우리는 "범사에 헤아려 좋은 것을 취하라"는 데살로니가전서 5장 21절 말씀을 기억해야 할 것이다.

_워치만 니

옮긴이의 말

오늘날은 한마디로 영적인 혼란의 시대라 할 수 있다. 이는 성경에서 말하는 말세의 뚜렷한 징조요, 계시의 실현이다. 교회는 진리의 기둥과 터요, 세상의 빛이다. 오늘날 교회는 영적으로 혼란한 이 시대에 현실을 간파하고 장래를 내다보며 교회의 사명을 다하기 위해 영적 분별력을 갖춰야 한다.

> 사랑하는 자들아 영을 다 믿지 말고 오직 영들이 하나님께 속하였나 분별하라 많은 거짓 선지자가 세상에 나왔음이라 … 이것이 곧 적그리스도의 영이니라 오리라 한 말을 너희가 들었거니와 지금 벌써 세상에 있느니라(요일 4:1-3).

말세에 가장 절실하게 요청되는 것은 영적 분별력이다. 영적 분별력이 없는 사람은 결코 말세에 지도자가 될 수 없다. 우리는 오늘날 주어진 영적인 당면 과제에 진지한 태도로 임해야 한다. 이 책을 통해 독자들은 이 시대 고민을 풀어내고 징조를 볼 수 있는 혜안을 얻게 될 것이다. 과연 무엇에 근거해 믿음 생활을 이어가고 있는지 점검하며 사탄의 궤계를 분별해낼 수 있기를 기도한다.

CONTENTS

혼의 잠재력을 **제거하라**

+ 프롤로그 5
+ 옮긴이의 말 8

혼의 잠재력 13

영, 혼, 육 | 아담의 경영 능력과 체력 | 아담의 지적 능력 | 아담의 지배력 | 타락 전 아담이 받은 능력 | 타락 후 영, 혼, 육 | 종교의 관점에서 본 혼의 힘 | 과학의 관점에서 본 혼의 힘 | 초자연 현상과 혼의 힘 | 몇 가지 사실 | 그리스도인의 태도

그리스도인과 혼의 능력 47

인간 혼의 힘과 사탄에 관한 네 가지 사실 | 하나님의 역사와 사탄의 역사는 어떻게 다른가? | 혼의 힘의 두 모습 | 오늘날 교회에서 나타나는 사탄의 역사 : 기도, 봉사를 위한 능력, 평화와 기쁨, 기적, 성령 세례 | 혼의 힘을 직시하자

영의 힘 vs. 혼의 힘 77

성경의 예언 | 이적에 관한 균형 잡힌 태도 네 가지 | 혼의 잠재력이 나타나는 예 | 결과의 차이로 분별하라 | 혼의 역사의 위험성을 알라 | 영은 생명을 공급한다 | 혼의 힘을 제거하라 | 주님의 모범을 배우라

혼의 잠재력

영, 혼, 육 | 아담의 경영 능력과 체력 | 아담의 지적 능력 | 아담의 지배력 | 타락 전 아담이 받은 능력 | 타락 후 영, 혼, 육 | 종교의 관점에서 본 혼의 힘 | 과학의 관점에서 본 혼의 힘 | 초자연 현상과 혼의 힘 | 몇 가지 사실 | 그리스도인의 태도

THE LATENT POWER OF
THE SOUL

혼의 잠재력

> 땅의 상인들이 그를 위하여 울고 애통하는 것은 다시 그들의 상품을 사는 자가 없음이라 그 상품은 금과 은과 보석과 진주와 … 소와 양과 말과 수레와 종들과 사람의 영혼들이라(계 18:11-13).

상품을 나열하는 대목이 '금과 은'으로 시작해 '사람의 영혼들'로 끝나고 있는 점을 주목하기 바란다. 금과 은과 말과 수레 등은 당연히 거래가 가능한 상품들이다. 심지어 당시에는 (물론 인신매매지만) 종들도 교환과 매매가 가능했다. 나아가 본문에 따르면 사람의 영혼들까지 상품처럼 교환한다.

기록된 바 첫 사람 아담은 생령이 되었다 함과 같이 마지막 아담은 살려 주는 영이 되었나니 그러나 먼저는 신령한 사람이 아니요 육의 사람이요 그 다음에 신령한 사람이니라(고전 15:45-46).

여호와 하나님이 땅의 흙으로 사람을 지으시고 생기를 그 코에 불어넣으시니 사람이 생령이 되니라(창 2:7).

오늘날 우리는 영적 싸움과 세상 종말에 관해 생각해봐야 한다. 나는 2년 전부터 이에 관한 메시지를 반드시 전해야겠다고 절실히 느껴왔다.

사실 이 주제는 말하는 이도, 전달하는 이도, 듣는 이도 이해하기가 쉽지 않은, 매우 복잡하고 심오한 내용이라 전작 『영에 속한 사람』에 끼워 넣을 수가 없었다. 그러나 여러 글과 사람들을 접한 후 언젠가는 반드시 이 메시지를 전해야겠다고 생각해왔던 터다.

나는 진리를 아는 특전이 우리에게 주어졌다는 사실이 참으로 귀하게 느껴진다. 세상과 교회의 현재 상황을 살펴볼 때 우리는 우리에게 주어진 것을 나누지 않을 수 없다. 그렇지 않으면 등불을 말 아래 감추어두는 격이 되고 말 것이다. 전작인 『영에 속한 사람』을 읽지 않은 독자들을 위해 인간을 구성하는 세 요소, 곧 영과 혼과 몸에 대해 간단히 이야기하겠다.

영, 혼, 육

"여호와 하나님이 땅의 흙으로 사람을 지으시고 생기를 그 코에 불어넣으시니 사람이 생령이 되니라"(창 2:7). 이 말씀에서 "땅의 흙으로 사람을 지으시고"는 인간의 몸에 대해, "생기를 그 코에 불어넣으시니"는 인간의 영에 대해 말하고 있다. 다시 말해 사람의 몸은 땅의 흙으로 지어지고 사람의 영은 하나님에게서 주어졌다. 또한 "사람이 생령(living being)이 되니라"는 말씀에서 알 수 있듯 하나님이 생기를 그 코에 불어넣으시자 사람이 생령(혼)이 되었다.

영과 혼과 몸은 각기 다른 세 개의 실체다. "너희의 온 영과 혼과 몸이 우리 주 예수 그리스도께서 강림하실 때에 흠 없게 보전되기를 원하노라"(살전 5:23). 영은 하나님에게서 주어진 것이요, 혼은 생령이요, 몸은 하나님께 지음받은 것이다.

일반 상식에 의하면 혼은 우리의 개인적 인격이다. 영과 육이 결합할 때 사람은 생령(혼)이 된다. 천사의 형질은 영이요, 하등 동물의 형질은 육이다. 우리 인간은 영과 육을 다 가지고 있다. 그러나 우리의 형질은 영도 아니고 육도 아닌 생령 곧 혼이다. 우리는 생령을 가지고 있다. 그러므로 성경은 인간을 혼(soul)이라고 부른다. 예를 들어 야곱이 그의 가족과 함께 애굽으로 내려갔을 때 성경은 다음과 같이 말한다.

"애굽에서 요셉이 낳은 아들은 두 명이니 야곱의 집 사람으로 애

굽에 이른 자가 모두 칠십 명이었더라"(창 46:27).[1]

또한 오순절에 베드로의 "그 말을 받은 사람들은 세례를 받으매 이 날에 신도의 수가 삼천이나"(행 2:41) 더하였다.[2] 그러므로 혼은 우리의 개인적인 인격을 나타내는 것이다.

영과 혼과 육의 기능은 무엇인가? 이것에 관해서는 『영에 속한 사람』 제1부에서 이미 설명하였다. 일전에 나는 책장에서 앤드류 머리의 『그리스도의 영』(The Spirit of Christ, 크리스천다이제스트 역간)을 보았는데, 그 책 부록에 수록된 영과 혼과 육에 관한 해석이 나와 똑같은 것을 보고 무척 기뻤다. 그중 일부를 아래에 인용하겠다.

인간의 창조에 관하여 성경은 다음과 같이 말한다. "여호와 하나님이 흙으로 사람을 지으시고(사람의 육체는 이렇게 만들어졌다) 생기를 그 코에 불어넣으시니(이와 같이 인간의 영은 하나님으로부터 왔다) 사람이 생령이 된지라." 육체를 생동하게 한 영이 인간을 생령이 되게 하였고 자의식을 가진 산 사람이 되게 하였다. 혼은 접촉하는 곳으로서 육체와 영이 연합하는 지점이다. 생령이 된 인간은 육체를 통하여 외부 감각 세계와 관계를 맺고 서로 영향을 주고받을 수 있게 되었다.

---

1) 여기서 두 명과 칠십 명의 '명'은 히브리어 성경에 '네페쉬', 영어 성경에는 'soul' 즉 혼으로 되어 있다 _역자 주.
2) 여기서 삼천 명은 헬라어로 혼이라는 의미의 '프쉬카이'로 기록되었다 _역자 주.

영을 통해서는 영적 세계와 그 근원인 하나님의 영과 관계를 맺게 되었고, 따라서 영의 생명과 능력을 받아 하나님을 섬길 수 있게 되었다. 혼은 두 세계 사이의 중간에 서서 양쪽 세계에 모두 속하며, 그를 둘러싸고 그와 관계하는 대상들을 채택 또는 거부할 수 있는 결정 능력을 가지고 있다.

인간의 성질을 구성하는 이 세 가지 요소 중에서 영은 하나님과 연결해주는 것으로서 가장 높은 위치에 있고, 육체는 감각적이며 동물적인 것과 연결해주는 것으로서 가장 낮은 위치에 있으며, 혼은 그 중간 위치에 서서 영과 육의 성질에 동참하고 그들을 연합시켜 주는 역할을 한다. 즉 영과 육은 혼을 통해 서로에게 작용하며, 혼은 중심적인 힘으로 작용하여 영과 육의 적절한 관계를 유지시켜 준다. 다시 말해 가장 낮은 육체로 하여금 영에게 복종하게 하고, 온전함을 위해 예비된 것을 성령에게서 영을 통해 받으며, 그 받은 것을 육체에 전달하여, 육체가 성령의 온전케 하시는 일에 동참함으로써 영적인 육체가 되게 한다.[3]

영은 무엇인가? 우리로 하여금 하나님을 인식하고 하나님과 관계를 맺게 하는 것이다. 혼은 무엇인가? 우리로 하여금 자아와 관계를

---

[3] Andrew Murray, *The Spirit of Christ*. Fort Washington, Pa., Christian Literature Crusade, 1964. Note C: The Place of the Indwelling, p.227-228.

갖게 하며 자의식을 주는 것이다. 육체는 무엇인가? 우리로 하여금 외부 세계와 관계를 맺게 하는 것이다.

스코필드(C. I. Scofield)는 그의 성경 주석에서 영은 하나님에 대한 의식을, 혼은 자의식을, 육은 세계에 대한 의식을 일으킨다고 설명하였다. 말이나 소는 영이 없기 때문에 하나님을 의식하지 못한다. 그들은 다만 자기 자신의 존재를 의식할 따름이다. 우리의 육체는 세계를 느끼게 하는데, 이를테면 만물을 보거나 더위 혹은 추위를 느끼는 것 등이 육체의 작용이다.

이제껏 영과 혼과 육의 작용에 관해 살펴봤다면 지금은 보다 중요한 문제를 생각해보고자 한다. 많은 사람들이 영과 혼과 육의 문제를 단지 '일상적인' 생활 영성에만 관계된 것으로 본다. 그러나 우리는 이 문제가 보다 극렬한 현장, 가령 영적 사역이나 영적 전쟁(영적 싸움)과도 깊은 관계가 있다는 것을 알 필요가 있다.

우리는 우리 자신을 타락하기 이전의 아담과 거의 비슷한 존재로 보려는 경향이 있다. 아담과 똑같은 인간이므로 아담과 우리 사이에는 그다지 큰 차이점이 없다고 가정한다. 우리가 할 수 없는 일은 아담도 할 수 없었다고 생각한다. 그러나 여기에 우리가 알지 못하는 사실이 있다. 우선 아담이 할 수 없었던 일을 우리가 할 수 없다는 것은 사실이다. 그러나 아담이 할 수 있었던 일 중에는 우리가 할 수 없는 일들이 있다. 우리는 아담이 얼마만한 가능성을 가졌는지 알지 못하는 것 같다. 만일 성경을 주의 깊게 연구한다면 타락 전의 아담이 어떤 사람이었는지 알 수 있을 것이다.

아담의 경영 능력과 체력

"하나님이 자기 형상 곧 하나님의 형상대로 사람을 창조하시되 남자와 여자를 창조하시고 하나님이 그들에게 복을 주시며 하나님이 그들에게 이르시되 생육하고 번성하여 땅에 충만하라, 땅을 정복하라, 바다의 물고기와 하늘의 새와 땅에 움직이는 모든 생물을 다스리라 하시니라"(창 1:27-28).

하나님은 사람에게 '땅을 정복하라'고 말씀하셨다. 혹시 이 땅이 얼마나 넓은지 생각해본 적 있는가? 어떤 주인이 자기 종에게 두 채의 집을 관리하도록 부탁했다고 하자. 그렇게 부탁할 수 있었던 건 종이 두 채의 집을 관리할 만한 능력을 가졌기 때문이다. 적어도 그런 능력이 있을 거라고 판단했기 때문이다. 어떤 사람도 마을에 있는 집들을 전부 관리할 수는 없다. 능력을 넘어서는 일인 것이다. 엄한 주인은 자기 종에게 조금 무리해서 일을 맡길 수 있지만 아무리 그렇더라도 그 종의 능력을 훨씬 넘어서는 일은 요구하지 않을 것이다.

하물며 하나님이 아담에게 그의 능력에 지나친 일을 하라고 하셨겠는가? 그러므로 땅을 정복하라는 명령을 받았던 아담은 오늘날 우리보다 훨씬 뛰어난 능력을 소유했던 게 확실하다. 아담은 힘과 능력과 기술을 가지고 있었다. 아담의 능력이 우리보다 몇 천만 배라고 하기는 어렵더라도 몇 백만 배라고는 할 수 있을 것이다. 그렇지 않고서는 하나님이 그에게 그만한 책임을 맡기셨을 리 없다.

아담은 땅을 다스릴 뿐 아니라 바다의 물고기와 하늘의 새와 땅 위의 모든 생물을 다스렸다. 다스린다는 것은 하는 일 없이 가만히 앉아 노는 것이 아니다. 다스리는 것은 관리와 노동을 필요로 한다. 이런 관점에서 우리는 아담이 사실상 뛰어난 능력을 가지고 있었다는 사실을 인정해야 한다. 현재 우리의 상태를 훨씬 능가하는 수준이었다.

여러분은 이런 견해가 새로운 것이라고 생각하는가? 이 견해는 성경의 가르침 그대로이다. 타락하기 전 아담은 노동 후 피로를 조금도 느끼지 않을 정도의 체력을 가지고 있었다. "얼굴에 땀을 흘려야 먹을 것을 먹으리니"(창 3:19)라고 하나님이 아담에게 말씀하신 것은 그가 타락한 후의 일이다.

아담의 지적 능력

"여호와 하나님이 흙으로 각종 들짐승과 공중의 각종 새를 지으시고 아담이 무엇이라고 부르나 보시려고 그것들을 그에게로 이끌어

가시니 아담이 각 생물을 부르는 것이 곧 그 이름이 되었더라"(창 2:19).

놀랍지 않은가? 여러분이 동물 사전을 펴서 모든 동물의 이름을 읽었다고 가정해보자. 아마도 여러분은 그 모든 동물의 이름을 알지도, 기억하지도 못한다고 고백할 것이다. 그렇지만 아담은 모든 새와 짐승에게 이름을 붙여주었다. 아담이 얼마나 총명했는지를 엿볼 수 있는 대목이다. 아담은 모든 동물의 이름을 암기하는 차원을 넘어서 이름 자체를 지어준 명명자였다. 여기서 우리는 아담의 지적 능력이 얼마나 풍부하고 완전했는지를 알 수 있다.

아담의 지배력

"여호와 하나님이 그 사람을 이끌어 에덴동산에 두어 그것을 경작하며 지키게 하시고"(창 2:15).

이제 아담이 어떻게 땅을 다스렸는지 살펴봄으로써 하나님이 그에게 맡기신 일들에 관해 생각해보자. 하나님은 아담에게 에덴동산을 다스리라고 명하셨다. 이 일은 조직적으로 하지 않으면 안 되었다.

에덴동산은 얼마나 컸을까? 창세기 2장 10-14절에는 네 개의 강, 즉 비손, 기혼, 힛데겔, 유브라데가 언급된다. 이 강들은 모두 에덴에서 흘러나와 네 갈래로 나뉘었다. 여러분은 그 동산의 크기를 상상할 수 있겠는가? 네 개의 강으로 둘러싸인 땅을 다스리라는 명령을 받은 아담은 얼마나 능력이 풍부한 사람이었겠는가! 그는 에덴동산을 다스릴 뿐 아니라 동산에 원수가 침입하지 못하도록 지키기도 해야 했다.

그러므로 그 당시 아담이 지니고 있던 힘은 굉장했을 것이다. 그는 놀라운 능력을 가진 사람이었고 이 모든 능력은 그의 생령의 고유한 힘이었다. 사람들은 아담의 능력을 초자연적이고 기적적인 것으로 볼지 모르나 사실은 자연적이고 인간적인 성격의 것이었다. 아담은 자신에게 주어진 힘을 전부 써버렸는가? 그렇지 않았다. 왜냐하면 자신의 능력을 모두 발휘하기 전에 타락해버렸기 때문이다.

원수가 하와를 꾀는 데 사용한 미끼가 무엇이었는가? 원수가 하와에게 약속한 것이 무엇이었는가? "너희가 그것을 먹는 날에는 너희 눈이 밝아져 하나님과 같이 되어 선악을 알 줄 하나님이 아심이니라"(창 3:5). '하나님과 같이 될 것'이라고 말했다. 하와는 이미 큰 힘을 가지고 있었지만 하나님의 능력과는 비할 게 아니었다. 이 과실을 먹기만 하면 하나님의 권세와 지혜, 능력을 가지게 될 것이라는 사탄의 유혹에 하와는 넘어가고 결국 타락하고 말았다.

타락 전 아담이 받은 능력

하나님이 아담에게 주신 것은 무엇일까? 이는 단지 호기심을 만족시키려는 차원이 아니라 아담이 가지고 있던 잠재력이 무엇이었으며 타락 후 잃어버린 것이 무엇이었는지를 정확히 알아보기 위함이다.

창세기 1장 26절을 보면 "하나님이 이르시되 우리의 형상을 따라 우리의 모양대로 우리가 사람을 만들고"라고 나와 있다. '형상'과 '모양'이 같은 의미이므로 이 구절이 단순한 동어 반복이라 생각할 수 있겠지만 히브리어에서 '형상'이라는 말은 신체적 모양이 아니라 '도덕적, 영적인 유사성'을 가리킨다. 어떤 사람은 이 대목을 '비슷하게 변하다', 즉 '닮는다'는 말로 표현했다.

하나님은 인간을 하나님의 형상에 따라 변화시키려고 인간을 창조하셨다. 아담이 하나님의 형상을 지니기 바라셨던 것이다. 마귀는 "하나님과 같이 될 것이다"라고 말했지만 사실 하나님의 본래 의도는 아담이 하나님을 닮아가는 방향으로 변하는 것이었다.

여기서 우리는 타락 이전의 아담이 하나님의 형상을 따를 수 있는 힘을 가지고 있었음을 알 수 있다. 그는 하나님의 형상을 따를 수 있는 잠재력을 지녔던 것이다. 하나님은 그가 '도덕적으로' 하나님과 같이 되도록 정하셨다(여기서 '도덕적'이라는 말은 단지 인간의 물리적인 선행을 가리키는 것이 아니라 그 이상의 차원을 말한다). 따라서 우리는 인간이 타락함으로써 얼마나 많은 것을 상실했는지 잘 알 수 있다. 그 손실의 정도는 도저히 측량할 수 없을 것이다.

타락 후 영, 혼, 육

아담은 하나의 생령 즉 혼이었다. 그의 영과 육은 혼 안에서 연결되어 있었다. 위에서 우리가 살펴본 놀라운 힘은 아담의 혼 안에 있었다. 거듭 말하자면 영과 육이 결합하여 생령, 즉 혼이 되고 그 혼은 상상할 수 없는 초자연적 힘을 가지고 있었다. 그러나 타락한 이후 아담은 그 혼의 능력을 상실했다. 이는 혼의 능력이 더 이상 존재하지 않는다는 의미가 아니라, 그 능력이 사람 안에 아직 들어 있지만 얼어붙거나 발휘될 수 없는 상태가 되어버렸다는 의미이다.

창세기 6장에 의하면 타락 후 인간은 육신이 되었다. 그 육신은 인간의 전 존재를 둘러싸 인간을 속박한다. 인간은 본래 생령이었으나 이제는 타락하여 육신이 되었다. 타락 전 인간의 혼은 영의 지배에 복종하도록 되어 있었지만 이제는 혼이 육신의 지배 아래 예속되었다.

그러므로 여호와가 "나의 영이 영원히 사람과 함께 하지 아니하리니 이는 그들이 육신이 됨이라"(창6:3)고 말씀하신 것이다. 여기서 하나님이 인간을 언급하실 때 육신(또는 육체)이라고 부르신 것은 하나님의 눈에 그렇게 보였기 때문이다. 다음 성경에도 동일한 맥락에서 육신이 언급된다.

하나님이 보신즉 땅이 부패하였으니 이는 땅에서 모든 혈육 있는 자의 행위가 부패함이었더라(창 6:12).

사람의 몸에 붓지 말며 이 방법대로 이와 같은 것을 만들지 말라 이는 거룩하니 너희는 거룩히 여기라(출 30:32).

그러므로 율법의 행위로 그의 앞에 의롭다 하심을 얻을 육체가 없나니 율법으로는 죄를 깨달음이니라(롬 3:20).

왜 내가 많은 지면을 할애해서 이 부분을 주의 깊게 설명하고 있겠는가? 요한계시록 18장에는 세상 끝날에 일어날 일들이 언급되어 있다. 나는 앞에서 사람의 혼이 바벨론에서 상품이 될 것임을 언급했다. 즉 사람의 혼도 팔거나 살 수 있게 된다.

왜 사람의 혼이 상품으로 취급되겠는가? 세상 끝날에는 사탄과 그의 앞잡이인 적그리스도가 사람의 혼을 그들의 활동 방편으로 사용하려고 하기 때문이다.

아담은 에덴동산에서 타락한 이후, 비록 힘을 완전히 잃은 건 아니었지만 육신이 되어버렸고 육신 안에 있는 놀라운 능력을 완전히 감금시켜버렸다. 이후 여러 세대를 거치면서 아담이 처음에 가지고 있던 그 능력은 그의 후손들 안에서 '잠재된' 능력이 되었다. 일종의 '숨겨진' 능력이 된 셈이다. 능력이 사람에게서 완전히 없어진 게 아니라 다만 육체에 의해 갇혀버린 것이다.

오늘날 이 땅에 사는 모든 사람 속에는 아담이 가졌던 힘이 숨어 있다. 이 힘은 처음 아담의 혼 속에 들어 있던 것처럼 모든 사람의 혼 속에 들어 있다. 하지만 오늘날 혼은 육신에 사로잡혀 있으므로 이 능력도 마찬가지로 육신에 의해 감금되어 있다.

오늘날 마귀는 사람의 혼을 자극하고 그 속에 있는 잠재력을 풀어놓아 마치 성령의 능력인 것처럼 속인다. 내가 이처럼 말하는 것은 말세에 일어날 일, 즉 사람의 혼과 사탄이 특수한 관계를 맺을 것에 대해 경각심을 불러일으키기 위함이다.

우리는 아담이 특별하고 초자연적인 능력을 가지고 있었다는 점을 고찰하였다. 오늘날 우리에게는 그가 가졌던 힘이 초자연적이고 특별한 것처럼 보이지만 실제로는 그렇지 않다. 타락하기 전 아담은 그 힘을 아주 쉽고 자연스럽게 발휘할 수 있었는데, 이는 그의 힘이 그의 혼에 포함되어 있었기 때문이다. 그러나 타락 후에는 그 힘이 육신에 의하여 구금되었다.

타락 전 육신은 아담의 강력한 혼에 도움이 되었으나 죄를 짓고 혼이 타락하고 나서는 아담의 힘이 육신의 껍질에 갇히고 말았다. 사탄은 이 육신의 껍질을 깨고 인간의 혼 안에 잠자고 있는, 잠재된 힘을 해방하여 인간을 통제하려고 한다. 안타깝게도 많은 사람들이 마귀의 이 계략을 알지 못하고 이를 하나님에게서 온 능력으로 생각해버린다.

종교의 관점에서 본 혼의 힘

이런 일이 기독교 안에서만 일어나는 것은 아니다. 바벨론인, 아랍인, 불교 신자, 도교 신자, 힌두교 신자에 이르기까지 모든 사람들은 저마다 나름의 방식으로 아담이 우리의 혼에 남겨둔 그 힘을 해방하려고 노력하고 있다. 어느 종교에서 어떤 가르침의 방편을 사용하건, 모든 종교의 외적인 차이 배후에는 공통 원리가 있다. 바로 혼의 능력을 온갖 속박에서 해방하여 더 자유로이 발휘되도록 하기 위해 외적인 육신을 정복하는 데 목표를 둔다는 것이다. 어떤 종교는 육신의 장애물을 파괴하는 것을 목표로 하고, 어떤 종교는 육신과 혼을 연합시키려고 하며, 또 어떤 종교는 수양과 단련을 통해 혼을 강화하여 육신을 극복하려고 한다. 그 방법이 무엇이건 간에 그 배후에 있는 원리들은 모두 똑같다. 이것을 아는 것이 매우 중요하다. 그렇지 않으면 우리는 속아 넘어갈 것이다.

사람들이 인간의 혼에 잠재해 있는 신기한 힘을 어떻게 알게 되었는지, 또 그것이 현재 육신에 감금되어 있기에 이를 육신에서 해방하기만 하면 '요정'이나 '불타'의 신분에 도달할 수 있을 정도로 놀라운 능력을 발휘하게 되리라는 것을 어떻게 알게 되었는지 나는 잘 모른다. 아마 그들은 마귀, 곧 악령에 의해 알게 되었을 것이다.

비록 그들의 설명은 제각기 다를지라도 저변에 깔린 원리, 즉 혼의 힘을 해방하기 위해 저마다 특수한 방편을 사용한다는 원리는 같다. 비록 우리가 사용하는 '혼의 힘'이라는 용어를 사용하지 않더라도 말이다. 예를 들면 불교와 도교, 심지어 기독교의 어떤 종파에서는 병 고치는 일과 장래 일을 예언하는 이적을 수행하기 위해서 어떤 특수한 초자연적 능력을 사용한다.

실례로 도교에서는 고행과 호흡법 또는 관념적 명상(abstract meditation)이라는 활동이 있다. 이 모든 활동은 혼의 힘을 풀어놓기 위해 육신을 혼에 복종시키는 하나의 원리에 따라 이뤄진다. 미신이라고 간단히 무시해버릴 수 없는 많은 기적들이 실제로 일어나고 있는데 이는 결코 이상한 일이 아니다. 불교는 본래 무신론적이었다. 석가모니는 무신론자였다. 이는 많은 불교 학자들과 불교 교의 비평가들의 공통된 의견이다. 석가모니는 열반과 영혼의 윤회를 믿었다. 지금 여기서 불교에 관한 강의를 하려는 생각은 없다. 다만 이 종교에서 어떻게 그리고 왜 많은 이적들이 행해졌는지 설명하려는 것뿐이다.

불교에는 속세를 떠나는 것에 대한 가르침이 있다. 가령 승려가 되기로 서약한 이는 결혼과 고기를 금해야 한다. 어떤 생물도 살생하지 말아야 한다. 금욕을 통하여 그들은 마침내 모든 음식을 배제하는 경지에 이른다. 어떤 고승은 알려지지 않은 과거를 통찰하고 장래 일을 예언하기도 한다. 그들은 불교의 마력으로 많은 기사를 행한다. 그들이 말하는 견성지경(見性之境)에 들어가면 장래 일을 예언할 수 있다고 한다. 이 여러 가지 절제와 금욕은 하나의 통제 원리에서 나온다. 즉 혼의 힘을 해방하기 위해 모든 육신적이고 물질적인 속박을 깨뜨린다는 것이다.

나는 유니티 클럽(Unity Club)에 가입해 있는 사람들을 몇 명 알고 있다. 그들에 따르면 클럽 회원들은 관념적 명상 등의 활동을 하는데, 명상에 몰입하는 정도에 따라 빛의 광도가 달라진다고 한다. 즉 그들이 감지하는 빛은 그들이 통찰하는 진리에 따른 것이다. 나는 그들의 말을 믿는다. 왜냐하면 그들은 육신의 속박에서 해방되어, 아담이 타락하기 전에 가졌던 힘을 방출할 수 있기 때문이다. 그것은 조금도 이상한 일이 아니다.

오늘날 널리 알려진 크리스천 사이언스라는 종파는 메리 베이커 에디(Mary Baker Eddy)라는 여자에 의해 창설되었다. 비록 에디는 죽었지만 그는 질병과 고통과 죄와 죽음의 존재를 부인했다. 그의 가르침에 따르면 질병 같은 것은 없으며, 만일 병든 사람이 있다면 그는 고통을 인식하지 않도록 자기 마음을 연단할 필요가 있을 뿐이다. 그렇게 하면 병이 곧 낫는다고 한다. 다시 말해 병이 없다고 믿으면 병에 걸리지 않는다는 뜻이다.

이런 관점이라면 사람은 죄의 존재를 믿지 않는 이상 죄를 짓지 않을 것이다. 의지와 지성과 감정을 단련하여 죄와 죄의 결과를 절대적으로 부인하는 경지에 이를 경우, 다시 말해서 죄와 병 따위는 거짓이요 속임수에 불과하다고 보게 되면, 그것들이 정말로 존재하지 않는 것으로 알게 된다는 것이다.

크리스천 사이언스의 교의가 처음으로 보급되었을 때 많은 사람들이 이에 반대했다. 특히 의사들의 반발이 심했다. 만일 그것이 사실이라면 세상에 의사란 불필요한 존재가 되어버리기 때문이다. 그러나 크리스천 사이언스에 의하여 병 고침을 받은 사람들을 검사해 본 의사들은 그 교의가 거짓이라고 말할 수 없었다. 마침내 더욱더 많은 사람들이 믿게 되었고 심지어 많은 유명 과학자들과 의사들까지 이 교의를 지지하게 되었다. 그러나 이는 조금도 놀랄 일이 아니다. 사람의 혼에는 육신의 속박에서 풀려나기를 기다리는 무서운 힘이 내재되어 있기 때문이다.

과학의 관점에서 본 혼의 힘

이제 이 문제를 과학적으로 고찰해보자. 현대 심리학 분야에는 전례 없는 연구 과제가 주어졌다. 심리학이란 무엇인가? 심리학(psychology)은 두 희랍어, 즉 'psyche'(혼)와 'logia'(이야기, 논설)라는 두 단어가 합해진 것으로, '혼에 관한 과학'을 말한다. 현대 과학자들이 하고 있는 연구는 인간 존재의 일부인 혼을 탐구하는 것에 불과하다. 과학은 혼의 분야에만 국한되고 영에는 관여할 수 없다.

현대의 초심리학(parapsychology)은 프란츠 안톤 메스머(Franz Anton

Mesmer)에 의해 시작되었다. 그는 1778년 지금의 최면술로 알려진 것을 최초로 발견했고(메스머 자신이 최면술을 실행했다) 이후 그의 제자들은 스승보다 더 탁월한 발견들을 이뤄냈다. 그들의 경험 중 어떤 것들은 거의 믿을 수 없는 결과를 보여준다. 그들의 방법은 예상대로 사람의 혼에 숨어 있는 힘을 방출하는 것이다. 예를 들어 투시(인간의 감각이 미치는 자연적인 범위 밖의 것을 볼 수 있는 능력)나 정신 감응술(과학적으로 알려지지 않거나 설명할 수 없는 수단, 즉 신비로운 힘을 발휘하여 의사소통하는 것)을 들 수 있는데 이를 통해 수천 마일 밖의 것을 보거나 듣거나 냄새 맡을 수 있다.

최면술은 '모든 정신과학을 파생시킨 바위'라고 일컬어져왔다.[4] 메스머 이전에는 심령에 관한 연구가 독립적인 과학 분야가 아니었다. 단지 자연과학에서 보잘것없는 위치를 차지하고 있을 뿐이었다. 그러나 이와 같은 놀라운 발명 때문에 심령 연구는 정신과학으로서의 체계를 갖추게 되었다.

나는 여러분의 관심을 심리학 연구에 기울이게 하려는 것이 아니다. 이런 모든 초자연적인 현상이 인간의 혼에 잠재된 능력, 즉 타락 이후 인간 안에 숨어 있던 그 능력을 방출함으로써 일어난다는 사실에 관심을 갖게 하려는 것이다. 왜 이것을 '잠재력'이라고 하는

---

4) Mrs. Jessie Penn-Lewis, *Soul and Spirit*, Poole, Dorset, England, Overcomer Literature Trust, 1968?, p.67.

가? 아담이 타락했을 때 하나님은 그가 소유했던 초자연적인 힘을 빼앗아가지는 않으셨다. 대신 이 힘을 아담의 타락한 육체 속에 유폐하셨다. 존재하지만 나타날 수 없기에 우리는 이를 잠재력이라고 한다.

인간 생활에서 볼 수 있는 현상들, 이를테면 말하는 것이나 생각하는 것은 주목할 만한 능력들이다. 그러나 사람 안에 숨어 있는 잠재력 또한 놀라운 것이다. 만일 이 힘이 활성화되면 더 놀라운 현상들이 우리 생활에 많이 나타날 것이다. 현대 초심리학자들이 발견한 많은 초자연적 현상들은 그 자체에 초자연적인 성격이 있음을 말하지 않는다. 다만 혼의 잠재력이 적절한 수단에 의해 방출될 수 있음을 증명할 뿐이다.

메스머가 인간의 몸속에 숨어 있는 신비로운 힘에 관한 기초 지식을 획득한 후 이뤄낸 여러 '발견들'은 일단 인간이 열쇠를 획득하면 그 운동이 얼마나 놀랍게 진전되는가를 보여준다. 1784년 메스머의 제자들은 최면술을 연구하다가 '투시력'을 발견했고 뒤이어 우연히 '독심술'도 발견했다.[5]

---

5) Penn-Lewis, op. cit., p.67.

일반적인 감각의 통로를 경유하지 않고 마음과 마음의 교통으로 이루어지는 정신 감응술은 사람으로 하여금 남의 말을 듣지 않고도 자기 심령의 힘을 사용하여 남의 생각을 확인할 수 있게 한다. 세월이 흐름에 따라 최면술, 신경학, 정신 측정학 등 수많은 '발견들'이 뒤따랐다.[6] 최면술은 인공적으로 잠자는 것 같은 상태에 들어가 최면술사가 암시하는 대로 순응하게 하는 것이다. 사람뿐만 아니라 하등 동물에게도 최면을 걸 수 있다.

정신 측정학은 마음이 인간의 육체 밖에서 활동할 수 있고 '정신 측정학적 감수성'으로 과거의 일을 책 보듯 읽을 수 있다는 발견이다. 자기 최면이란 의지에 의해 야기되는 특별한 상태를 의미하는 것으로, 사람은 자기 최면을 통해 자기의 마음을 어느 먼 곳에 던져 그곳에서 일어나는 일을 보고 듣고 느끼고 냄새와 맛까지 경험할 수 있다. 감상술은 고통에 대한 의식에서 벗어나 질병을 고치는 것이다.

처음에 과학자들은 이런 '발견들'을 그저 자연과학의 한 분야로 여겼다.[7] 그러나 이와 같은 기적 현상들이 증가하면서 초심리학은 곧 과학 자체가 되어버렸다. 과학자들에게 이처럼 빈번하고 신기한 현상들은 아주 자연스러운 일이다. 그리고 우리 신자들에게는 더욱더

---

6) Penn-Lewis, op. cit., p.67-68.
7) Penn-Lewis, op. cit., p.67-68.

자연스러운 일이다. 왜냐하면 우리는 그것들이 단지 혼의 잠재력을 풀어놓은 결과에 지나지 않는 것임을 잘 알기 때문이다.

심리학자들은 사람 속에 굉장한 힘들이 있다고 주장한다. 즉 자제하는 힘, 창조하는 힘, 재건하는 힘, 믿음의 힘, 원기를 회복시키는 힘, 소생시키는 힘 등이 있다고 한다. 그리고 이 모든 힘을 사람이 방출할 수 있다고 말한다. 어떤 심리학 책은 "모든 인간은 다 신들인데 다만 그 신이 우리 안에 유폐되어 있을 따름이다. 우리 안에 있는 신을 풀어놓기만 하면 우리는 모두 신이 된다"고까지 말한다. 이는 사탄의 말과 얼마나 비슷한가!

초자연 현상과 혼의 힘

동서양을 막론하고 호흡법이나 고행, 최면, 예언, 감응, 교통 등은 안에 있는 힘을 방출하여 나타내는 것에 지나지 않는다. 우리는 최면술의 신기한 작용에 대하여 들은 바가 있을 것이다. 중국에는 높은 예언 적중률로 유명한 점쟁이들이 있다. 그들은 매일 적은 고객들만 상대한다. 또 자기들의 기술을 완성하려고 많은 시간과 정력을 쏟는다. 그들의 예언은 놀라울 정도로 잘 맞는다. 불교도들과 도교도들 역시 이적을 행한다. 물론 그것들 중 일부는 속임수라는 증거도 있으나 상당 부분이 분명 초자연적인 현상들인 것은 부인하기 어렵다.

이와 같은 현상들을 설명하는 것은 간단하다. 그들은 우연히, 또는 악령의 지시에 따라 그런 신기한 일들을 행할 수 있게 해주는 어떤 방편이나 고행의 방법들을 생각해낸다.

보통 사람들은 자신 안에 이런 힘이 있다는 것을 모른다. 설사 그런 힘이 자기 안에 있다는 것을 아는 사람일지라도 어떻게 그리 되었는지는 말하지 못한다.

하나님을 아는 우리는 이 능력이, 아담의 타락으로 지금은 육신 안에 감금되어 있는 사람의 혼의 잠재력이라는 것을 안다. 이 능력은 사람과 함께 타락하였으므로 하나님의 뜻에 따라 더 이상 사용되지 못하게 되었다. 그러나 사탄의 소원은 이 숨은 힘을 개발하여 사람으로 하여금(사탄이 약속한 바와 같이) 자기가 하나님처럼 되었다고 느끼게 만드는 것이다. 그러면 인간은 자기 자신을 경배할 것이고 이는 간접적으로 사탄 경배로 이어지게 된다.

그러므로 모든 초심리학적 탐구의 배후에는 사탄이 도사리고 있다. 사탄은 자기의 목적을 달성하기 위해 혼의 잠재력을 이용하려고 최선을 다한다. 그리고 자기 혼의 능력을 개발하는 모든 사람은 악령과 접촉하여 악령에게 이용당하고 있다고 볼 수 있다. 이 사실은 부인할 수 없는 것이다. 펨버(G. H. Pember)는 *Earth's Earliest Ages*라는 책에서 이 문제를 조금 다른 각도에서 진술하고 있다.

사람이 비합법적인 힘과 지식을 얻고 금지된 영적 교제에 들어가는 방법에는 두 가지가 있는 것 같다. 첫 번째 방법을 따르는 사람은 … 자기의 혼을 드러낼 수 있도록 육신을 혼의 지배 아래 굴복시켜야 한다. … 이와 같은 능력의 개발은 틀림없이 극소수의 사람들에게만 가능하다. 또한 그들도 길고 혹독한 훈련 과정을 거쳐야만 목적을 달성할 수 있다. 그 목적은 육체를 완전히 굴복시키고 이 세상의 모든 향락과 고통과 감정에 대하여 완전히 둔감해져서, 그 어떤 요소도 그의 마음을 동요시키거나 진보를 방해하지 않도록 하는 것이다. … 두 번째 방법은 외부의 지적 존재들의 통제에 피동적으로 복종하는 것이다.[8]

여기서 우리가 특별히 주의할 것은 첫 번째 방법으로, 이는 인간의 혼의 잠재력을 활동시키는 것이다. 그의 견해는 우리의 생각과 완전히 일치한다. 불교의 고행, 도교의 호흡법과 관념적 명상, 최면술사들의 명상과 정신 집중, 유니티 클럽의 정좌, 온갖 다양한 명상, 숙고, 무상무념의 경지에 이르게 하는 정신 집중 등 사람들이 행하는 수많은 유사 활동들은 그들의 지식과 신앙이 어떻든지 간에 다 같은 하나의 법칙을 따르고 있다. 즉 외적으로 혼란스러운 인간

---

8) G. H. Pember, *Earth's Earliest Ages*. New York, Fleming H. Revell Co., n.d., p.251-254.

의 생각과 흔들리는 감정과 유약한 의지를 잠잠케 하고 육신을 완전히 굴복시켜 혼의 잠재력이 해방되도록 하는 것이다. 모든 사람에게서 이 힘이 나타나지 않는 이유는 모든 사람이 육신의 장벽을 깨뜨릴 수 없고 보편적인 정신적 표현을 완전히 잠재우지 못하기 때문이다.

몇 가지 사실

몇 년 전에 나는 한 인도 사람을 알게 되었다. 그는 나에게 사람들의 비밀을 정확하게 알아내는 힌두교인 친구에 대해 이야기해주었다. 한번은 그가 그 힌두교인 친구의 능력을 시험해보고 싶었다고 한다. 그래서 그 친구를 집으로 청하여 서랍 안에 넣어둔 것들을 다 알아맞힐 수 있는지 알아보려고 했다. 그 인도 사람은 자기가 가장 귀하게 여기는 물건을 보자기와 종이로 싸 상자에 담고 서랍 안에 넣어 잠근 후 방 밖에서 기다리던 힌두교인 친구에게 방 안으로 들어오라고 했다. 잠시 뒤 힌두교인 친구는 방 안에 숨겨진 그 귀중품들이 무엇인지 정확하게 알아맞힐 수 있었다. 이것은 틀림없이 모든 물리적인 장애물을 관통할 수 있는 혼의 힘을 사용한 것이다. 제시 펜 루이스 여사(Mrs. Jessi Penn-Lewis)는 다음과 같이 썼다.

인도 북부 지방에서 어떤 사람을 만났는데, 그는 인도 정부의 소재지인 심라의 최고 상류층과 접촉할 수 있는 사람이었다. 어느 날 저녁, 그는 인도와 다른 아시아 나라들에서 대성(大聖)을 만난 이야기를 해주었다. 그는 "전보나 신문의 뉴스를 의지하지 않는다. 그것들은 모두 지나간 사건의 기록에 불과하다"며 중요한 정치적 사건들을 그것이 일어나기 몇 주나 몇 달 전에 안다고 말했다. 런던에 있는 사람이 인도에서 일어나고 있는 일을 어떻게 알며, 반대로 인도에 있는 사람이 런던의 사건을 어떻게 알 수 있는가? 내가 이해하기로, 그것은 대성의 비밀을 아는 사람들에 의해 '혼의 힘'이 방출됨으로써 이뤄진 일이었다.[9]

펨버는 와일드(Wild)의 *Spiritual Dynamics*를 인용하면서 다음과 같이 기록했다

숙련된 사람은 다른 사람의 마음을 의식적으로 볼 수 있다. 그는 혼의 힘으로 외부의 영들에게 영향력을 행사할 수 있다. 가령 식물의 발육을 촉진시키거나 불을 끌 수 있다. 다니엘처럼 사나운 야생 동

---

[9] Overcomer magazine for 1921-1923, quoted in Mrs. Jessie Penn-Lewis, *Soul and spirit*, Poole, Dorset, England, Overcomer Literature Trust, 1968?. p.55-56. Also available in phe United States from Christian Literature Crusade, Fort Washington, Pa.

물을 진압할 수 있다. 그는 자기의 혼을 먼 곳으로 내보낼 수도 있고, 거기서 다른 사람의 생각을 읽을 뿐만 아니라 멀리 떨어져 있는 대상들과 이야기하고 접촉하기도 한다. 또한 먼 데 있는 친구들에게 자기의 영체를 육체의 모습과 똑같이 나타내 보일 수 있다. 더구나 … 숙련자는 … 다양한 주변 환경에서 어떤 물리적인 대상과 똑같은 모양을 만들어내기도 하고, 물리적인 대상을 자기 앞으로 오도록 명령할 수도 있다.[10]

그리스도인의 태도

종교계나 과학계에서 일어나는 이 같은 초자연적 현상들은 인간의 잠재력이 악령에게 이용되어 나타난 것에 지나지 않는다. 이 현상들의 공통된 하나의 법칙은 육신의 속박을 깨고 혼의 힘을 해방하는 것이다. 그리스도인들과 그들의 차이점은, 우리의 모든 이적이 성령을 통해 하나님에 의해 행해지는 데 반해 그들의 이적은 사탄이 인간의 혼의 힘을 이용하여 자기 힘을 과시하기 위함이라는 것이다.

인간의 혼의 힘은 사탄이 자신의 악한 목적을 달성하기 위해 사용하는 유용한 도구가 된다. 그러나 하나님은 사람의 혼의 힘을 이용

---

10) Pember, op. cit., p.252.

하지 않으신다. 하나님에게는 그것이 불필요하기 때문이다. 우리는 성령으로 거듭났다. 하나님은 성령과 우리의 새로워진 영으로 역사하실 뿐 인간의 혼의 힘은 사용하지 않으신다.

인간의 타락 후 하나님은 인간이 혼의 힘을 사용하는 것을 금하셨다. 그렇기 때문에 주 예수님은 빈번히 우리 혼의 생명, 즉 우리 혼의 힘을 잃어버려야 할 필요성을 강조하셨다. 하나님은 오늘날 우리가 혼의 힘을 전혀 사용하지 않기를 바라신다.

우리는 이 세상에서 행해지고 있는 이적들을 전부 거짓이라고 말할 수 없다. 즉 우리는 그것들 중 상당수가 사실임을 인정해야 한다. 그러나 동시에 이 모든 현상들은 아담의 타락 이후 혼의 잠재력에 의해 생긴 것임을 기억해야 한다. 그리스도인인 우리는 이 말세에 고의적이든 무의식적이든 혼의 잠재력을 자극하지 않도록 각별히 조심해야 할 것이다.

처음에 읽었던 성경 말씀으로 되돌아가자! 우리는 말세에 사탄과 악한 영들이 사람의 혼의 힘을 사고파는 일이 있을 거라는 말씀에 유의해야 한다. 악한 영들의 목적은 단순히 이 세상을 혼의 잠재력으로 충만하게 하려는 것이다. 「오버커머」(*Overcomer*)의 한 통신원은 혼과 영을 비교하여 다음과 같이 말했다. "혼(psyche)의 세력은 영(pneuma)의 세력에 반대된다."[11] 영적인 통찰력과 감수성을 가지고

---

11) As quoted in Penn-Lewis, op. cit., p.55.

있는 사람이라면 이 말이 참되다는 것을 안다.

혼의 세력은 격류처럼 우리를 향하여 밀어닥치고 있다. 사탄은 과학심리학과 초심리학, 종교, 심지어 무지한 교회(초자연적인 현상을 과도하게 구하고, 초자연적인 은사를 성경의 가르침에 따라 적절히 통제하지 못하는)까지 이용하여 이 세상을 어둠의 세력으로 가득하게 하려고 한다. 그러나 이것은 적그리스도의 출현을 위한 사탄의 마지막 준비에 불과하다.

참으로 영적인 사람들, 즉 혼의 힘을 거부하는 사람들은 도처에서 악령들의 방해와 궤계가 가속화되고 있음을 감지한다. 전반적인 상황이 매우 어두워져서 그리스도인들이 앞으로 나아가기가 어렵다는 것을 안다. 그럼에도 불구하고 이것 또한 이기는 자의 환희를 위한 하나님의 준비이기도 하다.

우리는 혼의 힘이 무엇이며, 그 혼의 힘이 무엇을 할 수 있는지 알 필요가 있다. 사탄은 하나님의 선민들을 속이기 위해 혼의 힘을 이용하여 놀라운 이적들을 행할 것이다.

그리고 주님이 재림하시기 전 이 같은 일들은 급격히 늘어나 지금보다 백배나 성행할 것이다.

우리는 이제 막 대량 배교의 시대에 접어들고 있다. 펜 루이스 여사는 "운동량이 급속도로 증가하고 있다. 하나님과 사람의 대적의 손이 키를 잡고 있고, 세상은 암흑시대로 줄달음질하고 있다. 그때 잠시 동안 사탄은 실제로 '이 세대의 신'으로 군림하여 한 초인을 통

해 다스릴 것인데, 그의 출현은 오래가지 않을 것이다"라고 했다.[12]

혼의 힘이란 무엇인가? 신자들은 성경으로 돌아가 성령의 조명하에 이 힘이 극히 흉악하여 온 세상 모든 족속에게 널리 퍼져 전 세계를 혼돈으로 몰아넣는다는 사실을 깨달아야 할 것이다. 사탄은 지금 이 혼의 세력을 하나님의 복음과 그 능력 대신으로 사용하고 있다. 사탄은 사람들의 마음을 어둡게 하여 혼의 세력에 의한 기적을 통해 피 흘림 없는 종교를 받아들이게 하려고 애쓴다. 또 정신과학의 발견들을 이용하여 기독교의 초자연적인 이적의 가치를 의심하게 만든다. 즉 사람들로 하여금 후자도 역시 혼의 잠재력에 불과하다고 생각하게 만드는 것이다. 사탄은 심적인 힘이 그리스도의 구원을 대신하게 되는 것을 목표로 한다. 최면술에 의하여 악한 습관과 나쁜 기질을 고쳐보려는 현대인의 시도는 사탄의 의도에 보기 좋게 걸려든 예라 할 것이다.

하나님의 자녀들은 영과 혼의 차이를 앎으로써 위험을 피할 수 있다. 만일 아담과 같은 우리의 생애에 십자가의 깊은 역사를 적용하지 않거나, 성령에 의해 부활하신 주님과 참된 생명의 연합을 이루지 못한다면 우리는 무의식중에 혼의 힘을 개발하게 될 것이다. 여기서 다시 펜 루이스 여사의 말을 인용하는 것이 도움이 될 것이다.

---

12) Penn-Lewis, op. cit., p.69.

'혼의 세력' 대 '영의 세력'이 오늘날의 논쟁점이다. 그리스도의 몸은 그 안에 계신 성령의 힘으로 천성을 향해 매진하고 있다. 세상은 점점 혼의 경향이 짙어지고 있고 그 혼의 배후에는 공중의 권세 잡은 자가 도사리고 있다. 하나님의 자녀인 우리의 유일한 안전책은 공중의 권세 잡은 자가 역사하고 있는 세상의 독한 공기 위로 높이 솟아, 그리스도와 연합하여 그와 함께 하나님 안에 거하는 생활을 체험적으로 아는 것이다. 그리스도의 피는 우리를 씻기 위함이요, 그리스도의 십자가는 우리로 하여금 그의 죽음에 동참하게 하기 위함이다. 부활하사 승천하신 주님의 능력만이 성령을 통해 몸의 지체들을 승리로 이끌어 머리 되신 그리스도와 연합하게 할 것이다.[13]

나는 여러분이 혼의 잠재력의 근원과 작용을 알게 되기 바란다. 또한 혼의 세력이 있는 곳에 악령이 있다는 사실을 하나님이 우리에게 분명히 가르쳐주시기를 바란다.

우리는 우리 자신에게서 나오는 혼의 힘을 사용해서는 안 되고, 성령으로부터 나오는 힘을 사용해야만 한다. 사탄의 손에 빠져들지 않으려면 혼의 잠재력을 부인해야 할 것이다. 왜냐하면 아담의 죄

---

13) Penn-Lewis, op. cit., p.70.

로 말미암아 혼의 힘은 이미 사탄의 지배 아래 들어갔고 사탄의 유용한 도구가 되었기 때문이다. 그러므로 우리는 사탄의 속임수를 특히 경계할 필요가 있다.

그리스도인과 혼의 능력

인간 혼의 힘과 사탄에 관한 네 가지 사실 | 하나님의 역사와 사탄의 역사는 어떻게 다른가? | 혼의 힘의 두 모습 | 오늘날 교회에서 나타나는 사탄의 역사: 기도, 봉사를 위한 능력, 평화와 기쁨, 기적, 성령 세례 | 혼의 힘을 직시하자

THE LATENT POWER OF
THE SOUL

그리스도인과 혼의 능력

앞서 우리는 아담이 하나님께 지음받을 때 얼마나 비상하고 경이로운 능력을 부여받았는지 살펴보았다. 안타깝게도 아담의 초자연적 능력은 아담과 함께 타락했다. 무지한 사람들은 아담이 타락하면서 그의 놀라운 힘을 상실했다고 생각하는 경향이 있지만 현대 초심리학적 증거들에 따르면 아담의 본래 능력은 사라진 것이 아니라 그의 혼 안에 감춰지게 되었다.

과거 500-600년 동안 불신자들 중 혼의 힘을 나타내 보인 사람들이 상당히 많았다. 지난 100년 동안에는 점점 더 많은 사람들이 혼의 잠재력을 나타낼 수 있었다. 아담의 본래 능력은 없어진 것이 아니라 단지 그의 육체 안에 숨겨져 있을 뿐이었다. 이 장에서 나는 그리스도인과 혼의 잠재력에 대해 말하고자 한다. 그 위험성을 알지 못하면 우리는 그것을 경계하는 방법을 알 수 없을 것이다. 특히 다음 네 가지 사실에 주의하기 바란다.

인간 혼의 힘과 사탄에 관한 네 가지 사실

1. 아담 안에는 거의 무한하고 초자연적인 능력이 있었다. 우리는 이것을 혼의 힘이라 부른다. 현대 심령 연구자들은 그와 같은 능력이 사람 속에 실재한다는 사실을 증명했고 1778년 메스머의 발견 이래 심리적·종교적 성격의 온갖 잠재된 힘들이 표출되었다. 이는 인간의 혼의 힘이 방출된 것에 지나지 않는다. 우리는 이러한 혼의 힘이 타락 전 사람에게 본래 있었지만 타락 후 사람 속에 숨어 있게 되었다는 사실을 잊어서는 안 된다.

2. 사탄은 인간 혼에 있는 잠재력을 지배하기 원한다. 그는 인간 속에 많은 일을 할 수 있는 혼의 잠재력이 있다는 것을 너무나도 잘 알고 있다. 그래서 하나님이 아닌 자신이 그 힘을 다스리고, 자기 목적을 위해 사용하기를 열망한다. 사탄이 에덴동산에서 아담과 하와를 유혹한 목적도 그들의 혼의 힘을 지배하기 위함이었다.

선악을 알게 하는 나무와 생명나무의 영적 의미에 관해서는 앞서 여러 번 이야기해왔다. 선악을 알게 하는 나무를 취했다는 것은 독립, 즉 하나님과 동떨어진 자율적 행동을 선택했다는 의미이다. 그리고 생명나무는 하나님에 대한 의존 혹은 신뢰를 뜻한다. 생명나무가 시사하는 바는 아담의 본래 생명이 한 인간의 생명에 지나지 않으며, 따라서 살기 위해서는 하나님의 생명을 받고 하나님께 의존해야 한다는 사실이다. 그러나 선악을 알게 하는 나무는 사람이 하나님을 의존할 필요 없이 자신의 힘으로 일하고 살면서 열매를 맺을 수 있다고 말한다.

내가 이 두 나무를 언급하는 이유는 아담과 하와의 타락 이유를 말하기 위함이다. 만일 우리가 아담의 잠재력을 방출할 수 있다면 우리도 이적을 행할 수 있을 것이다. 그렇지만 그렇게 하는 것이 우리에게 허락되었을까?

사탄은 인간 안에 그처럼 놀라운 일을 행할 수 있는 힘이 있음을 알았고 인간으로 하여금 하나님으로부터 독립을 선포하라고 유혹했다. 에덴동산에서의 타락은 바로 인간이 독립적 행동을 취함으로써 하나님에게서 분리된 것을 말한다. 에덴동산에서의 타락을 살펴봄으로써 우리는 사탄의 목적이 무엇이었는지 알 수 있다. 사탄은 인간의 혼을 얻으려 했다. 그리고 인간의 타락 후 인간의 본래 능력과 놀라운 힘을 수중에 넣고 말았다.

3. 오늘날 사탄은 혼의 잠재력을 나타내기 원한다. 인간이 타락하자마자 하나님은 인간의 혼의 힘을 육신 속에 감금하셨다. 인간의 많은 능력이 육신 안에 잠재된 힘으로 유폐되어 지금은 무활동 상태에 있다. 타락 후 혼에 속하는 모든 것이 육신에 속하는 모든 것의 통제와 속박 아래 놓이게 되었다. 모든 심리적인 힘은 생리적인 힘의 지배를 받게 되었다.

사탄의 목적은 인간의 육신의 껍질을 깨뜨리고 혼의 힘을 해방하여 혼을 육신의 속박에서 벗어나게 하고 이로써 그의 잠재력을 드러내는 것이다. 이것이 요한계시록 18장 13절에서 말하는, 인간의 영혼을 상품으로 취급하는 것이다. 실로 인간의 혼은 원수의 많은 상품들 가운데 하나가 되었다. 그 원수는 특히 인간의 심리적 능력을 자기의 상품으로 삼기 원한다.

말세에, 특히 현시점에서 사탄은 에덴동산에서 처음 시도했던 바를 계속하려고 한다. 그는 에덴동산에서 인간의 혼을 통제해 보려 했으나 완전히 성공하지 못했다. 왜냐하면 타락 후 인간의 혼의 힘은 육신의 지배 아래 들어가고 말았기 때문이다.

거듭 말하자면 인간의 심리적인 힘은 생리적인 힘의 통제를 받게 되었다. 사탄은 인간의 혼의 힘을 사용하는 데 실패했고 그의 계획은 수포로 돌아갔다.

수천 년 동안 사탄은 인간들의 잠재력을 드러내기 위해 굉장한 노력을 기울여왔다. 물론 이따금 여기저기서 사람의 혼의 잠재력을 끌어내는 데 성공하여 시대의 이적을 행하는 이들이 나타나고 그들이 종교 지도자로 이름을 떨치기도 했다. 또 지난 백 년 동안 메스머 이래로 초심리학적 발견들이 뒤따랐다. 이 모든 것이 가능했던 건 단 하나의 이유에서다. 곧 사탄이 이전에 성공하지 못했던 일을 완수하려고 맹렬하게 시도하고 있기 때문이다. 그는 인간의 모든 잠재력을 풀어놓으려고 한다. 이것이 그가 수천 년 동안 노력해온 유일한 목적이다. 이것 때문에 사탄은 금, 은, 보석, 진주, 소와 말 외에 인간의 영혼을 가지고 장사하는 것이다. 실로 그는 이 특수 상품을 획득하기 위하여 있는 힘을 다해 노력해왔다.

4. 사탄은 어떻게 인간의 잠재력을 이용하는가? 그리고 이를 통해 얻는 유익은 무엇인가?

❶ 인간의 잠재력을 이용함으로써 사탄은 인간에게 처음 한 약속, 즉 "네가 하나님과 같이 되리라"는 약속을 성취할 수 있을 것이다. 인간은 이적을 행하는 자신의 능력을 보고서 자신을 신으로 여기고 하나님 대신 자신을 숭배하게 될 것이다.

❷ 사탄은 하나님의 이적을 혼동시킬 것이다. 사탄은 인류로 하여

금 성경의 모든 이적을 심리학적인 것이라 믿게 함으로써 그것의 참된 가치를 떨어뜨리려 한다. 사탄은 사람들이 자신도 예수님이 행하신 일을 다 할 수 있다고 생각하기를 바란다.

❸ 사탄은 성령의 역사를 혼동시킬 것이다. 성령은 인간의 영을 통하여 인간 안에서 역사하신다. 그러나 사탄은 인간의 혼 안에서 성령의 역사와 비슷한 현상들을 많이 일으켜 사람들로 하여금 거짓된 회개와 거짓된 구원, 거짓된 중생, 거짓된 부흥, 거짓된 기쁨 등 거짓된 성령 체험을 하게 한다.

❹ 사탄은 이 말세에 하나님의 계획에 궁극적으로 대항하기 위한 도구로 인간을 이용할 것이다. 하나님은 성령을 통해 이적을 행하신다. 반면 사탄은 인간의 혼을 통해 이적을 행한다. 대환난이 일어나는 3년 반은 사탄의 통치 아래 있는 인간의 혼에 의해 많은 이적들이 행해지는 시기가 될 것이다.

요약하자면 첫째, 모든 초자연적 능력은 이미 아담 안에 있었다. 둘째, 사탄의 목적은 이러한 능력을 지배하는 것이었다. 셋째, 말세에 사탄은 인간 안에 있는 이 능력(혼의 힘)을 나타내려고 애쓰며 앞으로도 계속 그럴 것이다. 넷째, 이는 사탄이 이전에 성공하지 못한 일을 완수하려는 시도이다.

하나님의 역사와 사탄의 역사는 어떻게 다른가?

사탄의 속임수에 빠지지 않으려면 어떻게 해야 하는가? 우리는 하나님의 역사와 원수의 역사, 성령의 역사와 악령의 역사를 분별해야 한다. 성령의 모든 역사는 인간의 영을 통하여 이루어지고, 원수의 모든 역사는 인간의 혼을 통하여 이루어진다. 성령은 인간의 영을 움직이는 반면에 악령은 인간의 혼을 움직인다. 이것이 하나님의 역사와 원수의 역사 사이의 근본적인 차이점이다. 하나님의 역사는 성령에 의해 시작되지만 원수의 역사는 인간의 혼 안에서 시작된다.

타락으로 인하여 인간의 영은 죽었고 그 결과 인간은 하나님과 교통할 수 없게 되었다. 우리는 주 예수님을 믿을 때 중생한다. 구원받다 혹은 중생하다는 의미는 무엇인가? 이는 진정한 유기적 변화가 우리 안에 일어난다는 뜻이다. 우리가 주 예수님을 의지할 때 하나님은 그의 생명을 우리 영에 불어넣으시고 우리를 소생시키신다. 인간의 영이 실제로 존재하는 것처럼 하나님이 우리 안에 불어넣으신 새 영도 실제로 존재한다. 요한복음 3장 6절은 중생에 대하여 "영으로 난 것은 영이니"라고 말한다. 에스겔 선지자도 말하기를 "또 새 영을 너희 속에 두고"(36:26)라고 하였다. 중생으로 우리는 새 영을 얻는다.

한편 예수님은 "내가 너희에게 이른 말은 영이요 생명이라"(요 6:63)

고 말씀하셨다. 우리의 생활과 사역은 모두 영의 범위 안에 있어야 한다. 우리를 사용하시는 하나님은 언제나 우리의 영 안에서, 우리의 영을 통해 역사하신다. "오직 성령으로 충만함을 받으라"는 에베소서 5장 18절 말씀은 우리의 새 영이 성령으로 충만하게 채워져야 함을 나타낸다. 다시 말해 하나님은 우리의 영을 그분의 성령으로 채우신다.

성령은 우리의 영에 역사하시지만 반면 악령은 우리의 혼에 역사한다. 사탄은 인간의 영 속에서 자기 일을 시작할 수 없으며 오로지 인간의 혼 속에서, 혼의 힘으로만 일할 수 있다. 이러한 사탄의 역사는 지난 5000-6000년간 있어왔고 현재도, 앞으로도 계속될 것이다. 그런데 혼에만 국한된 사탄의 역사가 하나님처럼 전지전능하고 편재하는 것처럼 느껴지는 이유는 무엇일까? 그만큼 혼의 힘이 강력하다는 이야기다.

많은 사람들이 불교나 도교의 수많은 금욕 생활과 호흡법, 관념적 명상, 서구의 최면술과 심령 연구에서 나타나는 수많은 이적들이 인간 혼의 잠재력에서 비롯된다는 사실을 알지 못하고 또한 혼의 힘이 얼마나 강력한지를 깨닫지 못한다는 것은 참으로 불행한 일이다.

형제자매들이여, 이것을 사소한 문제로 여기거나 학자들이 연구할 문제라고 제쳐놓아서는 안 된다. 이는 실제로 우리에게 깊은 영향을 미치는 문제이기 때문이다.

혼의 힘의 두 모습

성경에 의하면 혼의 잠재력에는 두 유형이 있는 것 같다. 이러한 분류는 심리학적 관점에 따른 것이다. 물론 정확한 분류는 어렵고 다만 그렇게 보인다는 것이다. 하나는 일반적이고 자연적으로 보이는 반면 다른 하나는 기적적이고 초자연적으로 보인다. 하나는 사람이 알 수 있는 것처럼 보이지만 다른 하나는 사람의 이해를 초월하는 것처럼 보인다.

심리학에서 '마음'이라는 용어는 성경에서보다 폭넓은 의미를 가진다. 앞서 언급한 혼의 두 유형, 즉 심리학자들이 말하는 마음의 두 부분은 의식과 잠재의식이다. 잠재의식은 우리가 말해왔던 혼의 힘 중 신비로운 부분이다. 심리학자들은 의식과 잠재의식을 구별하지만 그 경계가 명확한 건 아니다. 단지 일반적인 정신 표명을 의식에 속한 것으로 보고, 비범하거나 초자연적인 정신 표명을 잠재의식에 속한 것으로 분류할 뿐이다.

대개 사람들은 일반적인 정신 표명만을 혼의 영역에 포함시키며, 비범하고 초자연적인 정신 표명은 (비록 잠재의식에 포함시키긴 하지만) 혼에 속한다는 사실을 알지 못한다. 개개인의 혼 안에 숨은 잠재력은 다양하기 때문에 어떤 사람에게는 전자(의식)에 속한 현상이 더 많이 나타나고 어떤 사람에게는 후자(잠재의식)에 속한 현상이 더 많이 나타난다.

주님을 섬기는 그리스도인들은 이 점을 특히 유의해야 한다. 그렇지 않으면 다른 사람을 도우려 할 때 혼의 신비로운 능력에 넋을 잃게 될 것이다. 혼과 영의 차이점을 반복해서 말하겠다. 아담의 타락한 혼은 옛 피조물에 속한다. 그러나 거듭난 영은 새로운 피조물이다. 하나님은 인간의 영으로 역사하시니, 이것이 곧 그의 거듭난 생명, 그의 새 피조물이기 때문이다. 한편 사탄은 인간의 혼, 즉 아담 안에 있는 타락한 혼으로 역사한다. 새로운 피조물 안에 있는 거듭난 생명은 범죄하지 않으므로 사탄은 옛 피조물밖에 사용할 수 없는 것이다.

오늘날 교회에서 나타나는 사탄의 역사

사탄은 어떻게 인간의 혼, 특히 인간의 잠재된 정신력을 통해 역사하는가? 우리는 이미 불교, 도교, 기독교, 초심리학 등에서 많은 예를 살펴보았다.

이제는 사탄이 영적인 영역에서 인간의 혼을 어떻게 이용하는지 몇 가지 예를 통해 살펴보기로 하겠다. 이를 통해 여러분은 하나님께 속한 것과 마귀에게 속한 것을 분별하고, 하나님이 인간의 영을 사용하시는 방법과 사탄이 인간의 혼을 사용하는 방법을 분별하게 될 것이다.

기도

우리는 성경에 나와 있는 기도를 모범으로 삼아야 한다. 가령 예수님이 우리에게 가르쳐주신 기도의 첫 마디는 "하늘에 계신 우리 아버지"다. 예수님은 우리에게 '하늘에 계신' 아버지께 기도하라고 가르치셨는데 우리는 종종 '우리 방에 계신' 하나님께 기도하곤 한다. 우리의 기도는 하늘에 계신 아버지가 들으실 수 있도록 그분께 드려져야 한다. 하나님은 우리가 기분 좋건 나쁘건, 심지어 아무 느낌이 없을지라도 믿음으로 하늘을 향해 기도하기를 원하신다. 만일 여러분이 여러분 방에 계시는 하나님께 기도하고 또 그분이 들어주시기를 기대한다면 여러분은 그 방에 계신 하나님으로부터 이상한 느낌과 신비한 경험, 환상 등을 받게 될지 모른다. 이것은 다 사탄이 주는 것들이다. 종류가 무엇이건 여러분이 사탄에게서 받은 것은 의식이나 잠재의식에 속하는 것이다.

어떤 사람은 자신이 기도하는 대상을 향해 기도할 수 있다. 이것 또한 매우 위험하다. 가령 수백 킬로미터 떨어진 곳에 친구가 있다고 가정해보자. 여러분은 경우에 따라 말씀 안에서 그를 회복시켜 달라고 구하거나 또는 그를 구원해달라고 하나님께 간청할 것이다. 그런데 그 기도를 하나님에게로 드리지 않고 여러분의 생각과 기대, 소원에 집중하여 이것들을 하나의 힘으로 삼아 그 친구에게로 보낼 수 있다. 그 기도는 여러분의 생각과 열망을 화살처럼 쏘아 친구에게로 날아가게 하는 활과 같다. 만일 기도한 대로 되면 여러분은 그 기도가 이루어졌다고 생각할 것이다. 그러나 여러분의 기도에 응답하신 분은 하나님이 아니다. 왜냐하면 여러분은 그분께 기도하지 않았기 때문이다.

어떤 사람은 '내 친구를 위해 기도를 쌓았으므로' 기도 응답을 받았다고 주장한다. 하지만 그는 친구를 향해 기도했지, 하나님을 향해 기도한 것이 아니다. 기도가 원하는 대로 이루어졌더라도 그것은 하나님에 의한 것이 아니다. 최면술 같은 초자연적 기술을 알지 못했을지라도 그것은 무의식적인 혼의 힘이 작용한 결과다.

왜 그런가? 하늘에 계신 하나님을 향하지 않고 기도의 대상자인 친구를 향해 기도했기 때문이다. 외관상으로는 하나님을 부르며 기도했지만 실상 그의 정신은 친구를 향하고 있었다.

나 역시 이런 기도의 악한 영향을 경험한 적이 있다. 수년 전 나는 1년 가까이 투병 생활을 했다. 이 병은 대여섯 명의 잘못된 기도가 내 위에 쌓였기 때문이다. 그들은 기도했지만 잘못된 기도를 했고 내 병세는 날로 악화되었다.

다행히도 나는 원인을 알아채고 그들과 다른 기도를 하기 시작했다. 나는 하나님께 그들의 기도가 아니라 내 기도를 들어달라고 간구했다. 그리고 얼마 안 있어 나는 건강을 되찾았다. 이 문제에 관련하여 어떤 신자의 편지를 인용하겠다.

나는 이제 막 무서운 마귀의 공격을 통과했습니다. 출혈, 심장병, 가슴 두근거림과 호흡 곤란… 내 온몸은 쇠약했습니다. 그것은 혼으로 기도할 때 생긴 모든 신비한 능력에 대항하고자 기도할 때 엄습해온 것이었습니다. 나는 그리스도 보혈의 권세를 믿음으로써 그것을 물리칠 수 있었습니다. 이후 현저한 변화가 일어났습니다. 그 즉시 호흡이 정상으로 돌아오고 출혈이 멈추고 가쁜 숨도 잠잠해졌습니다. 모든 고통은 사라지고 활력이 다시 생겼습니다. 나는 이후 소생하여 기운을 차렸습니다. 하나님은 구원의 증거로서, 나의 상태가 나를 반대하던 사람들이 했던 기도의 결과였음을 알게 해주셨습니다. 하나님은 나를 사용하여 그들 중 두 사람을 구원하셨고, 나머지 사람들은 무서운 구덩이에 빠져 있습니다.[1]

봉사를 위한 능력

주님을 체험한 사람이라면 부흥집회 때 부흥사가 혼의 힘을 사용하는지 영의 힘을 사용하는지 분간할 수 있을 것이다. 한번은 친구 하나가 내게 와서 어떤 부흥사가 굉장한 능력이 있다고 이야기한 적이 있다. 나는 그 부흥사를 일전에 만나본 일이 없었기에 그 분을 판단하지 않겠다고 말하고는 이렇게 물었다. "굉장한 능력이라

---

1) Mrs. Jessie Penn-Lewis, *Soul and Spirit*. Poole, Dorset, England, Overcomer Literature Trust, 1968?, p.58.

고 했는데… 그 능력은 무슨 능력을 말하는가?" 친구는 이해할 수 없다는 표정으로 고개를 갸웃하더니 아내에게 같은 질문을 던졌다. 친구보다 신앙이 좋았던 그 부인은 웃으면서 내 질문에 공감한다는 표정을 지었다. "참으로 중요한 문제이지요. 그 부흥사에게 충만하다는 그 능력은 무슨 능력일까요?" 옆에서 함께하던 형제 하나는 "설교자가 강대상을 얼마나 세게 내리치는가를 보고 그가 능력 있는지 없는지를 알 수 없잖아요"라고 말했다. 우리는 어떤 집회에 참석할 때 그 강사의 능력이 혼적인지 영적인지 분별할 필요가 있다.

우리는 다음과 같은 예를 통해 분별의 방법을 생각해볼 수 있다. 만일 설교자가 자신의 과거 경험을 의지한다면, 가령 사람들이 자신의 설교를 통해 회개했던 경험을 떠올리고는 그와 동일한 결과를 기대하며 다시금 설교하기로 결정한다면 그는 틀림없이 혼적인 힘으로 일하고 있는 것이다. 혹은 회개가 일어났던 여러 사례를 언급하면서 군중의 마음을 감동시키려고 시도한다면 그 역시 혼적인 힘을 사용하고 있는 것이다.

반면 1904-1905년 웨일스부흥의 귀한 종으로 쓰임받았던 이반 로버츠(Evan Roberts) 같은 태도를 보인다면 그 설교자는 혼의 힘을 내세우지 않는 사람이다. 이반 로버츠는 하나님께 자신을 붙들어주셔서 자기 안에 있는 혼의 힘을 묶으시고 자아를 제어하시고 자신에게서 나오는 것을 모두 막아주시기를 기도했다.

사역자들은 혼적인 힘과 영적인 힘을 잘 분별해야 한다. 자기 안에 있는 혼의 힘을 발휘하고 있는지, 아니면 하나님의 능력을 전적으로 의지하고 있는지 분별할 수 있어야 한다.

성령의 역사는 세 측면이 있다. (1) 우리를 거듭나게 하신다. (2) '우리 안에 거하사' 성령의 열매를 맺게 하신다. (3) '우리에게 임하사' 주님을 증거할 능력을 주신다. 성경이 성령의 '능력'에 대해 말할 때에는 언제나 성령의 역사나 증거를 가리킨다. 능력으로 역사하시는 성령은 우리 '안'에 머무시는 게 아니라 우리 '위'에 임하신다. 반면 우리로 하여금 열매를 맺게 하시는 성령은 우리 '안'에 머무신다. 다시 말해 성경 원문에 따르면 능력의 성령은 내려오거나 임하시는 형태로 묘사되고, 열매 맺는 성령은 우리 안에 내주하시는 모습으로 언급된다.

그러면 왜 능력을 부여하시는 성령은 위로부터 임하는 모습으로 언급될까? 이는 우리에게 주어지는 성령의 능력이 우리 밖에 있음을 의미한다. 우리는 우리에게 성령의 능력이 주어지는지 아닌지 확신할 수 없다. 그러므로 어떤 집회에서 사람들이 오늘 집회에 구원의 역사가 일어날 것인지 확신할 수 있냐고 묻는다면 우리는 '확실하게 말할 수 없다'고 고백해야 할 것이다. 왜냐하면 구원의 역사를 일으키시는 성령의 능력은 우리 밖에 있기 때문이다. 성령의 능력은 우리의 통제를 받지 않는다.

혼의 힘을 의지하는 사람이라면 자신의 메시지가 사람들을 울리고 회개시킬 수 있다고 확신 있게 말할 것이다. 이런 의욕적인 힘은 혼에서 나오는 것에 지나지 않다.

나는 한때 나 자신이 매우 무능하다고 느꼈다. 주변 사람들은 그 정도면 충분하다고 말해주었지만 나는 나 자신이 늘 연약하다고 느꼈다. 그래서 한번은 친한 바버 여사를 찾아갔다. 그는 경험이 많고 성숙한 사람이라 종종 내게 영적인 도움을 주곤 했다. 나는 그에게 "당신은 참으로 능력이 뛰어납니다. 그런데 나에게는 왜 그런 능력이 없을까요?"라고 물었다. 그는 진지하게 나를 쳐다보며 "무슨 능력을 원하세요? 당신이 느낄 수 있는 능력인가요, 아니면 느낄 수 없는 능력인가요?"라고 반문했다. 이 말을 듣자마자 나는 깨달았다. 그래서 나는 "내가 느낄 수 없는 힘을 원합니다"라고 대답했다. 그러자 그는 이렇게 대답해주었다. "성령으로부터 오는 능력은 사람이 느낄 필요가 없다는 점을 명심하세요. 인간의 의무는 다만 하나님께 순종하는 것입니다. 왜냐하면 성령의 능력은 사람이 느끼기 위해 주어지는 것이 아니기 때문입니다"(영적으로 느끼는 것은 다른 문제임을 주의하라). 나의 의무는 나 자신의 힘인 혼의 힘을 묶어달라고 하나님께 간구하는 일이다. 나는 하나님께 절대 복종해야 하며 그 외의 일은 하나님께 일임해야 한다.

만일 우리가 혼의 힘으로 일한다면 최면술사처럼 어떤 일을 행할 때 어떤 결과가 나타날지 느낄 수 있을 것이다. 첫 단계부터 마지막 단계까지 전부 다 말이다. 강단에 서는 설교자들이 빠지기 쉬운 함정은 자신이 혼적인 힘을 사용하고 있음을 좀처럼 알지 못한다는 데 있다. 그들은 자신에게 능력이 있다고 생각하겠지만 실은 사람들을 끌어들이기 위해 혼의 힘을 사용하고 있는 것에 불과하다.

어떤 사람들은 설교자들이 심리학을 이용하여 사람들을 미묘하게 조종하는 데 전문가가 되었다고 말한다. 나는 이런 미묘한 조종을 단호하게 거부해야 한다고 생각한다. 비록 심리학적 수단으로 사람들 끄는 방법을 알고 있다 할지라도 우리는 의식적으로 그런 힘과 수단을 사용하지 말아야 한다.

일전에 나는 산둥성에서 설교를 한 적이 있었다. 그곳에 있던 교수 하나가 "목사들은 감정을 가지고 일하는 사람들이다"라는 말을 들었다고 말했다. 하지만 나는 그날 오후 설교 때 감정이 얼마나 믿을 수 없고 무익한 것인지를 단호하게 이야기했다.

감정을 통해서 이루어진 모든 일은 다 의심스럽고 일시적이다. 이 사실을 명심하자! 성령의 능력으로 일하는 사람이라면 자기 힘을 발휘하거나 무언가를 스스로 할 필요가 없다.

반면 혼의 힘으로 일하는 사람은 오로지 청중을 뒤흔들기 위해 많은 에너지를 쏟고 여러 방법들, 예를 들어 울고, 소리 치고, 뛰고, 성가대의 특송이나 감동적인 예화를 동원하는 등의 방법을 시도해야 할 것이다(찬송가와 예화를 전혀 사용하지 말라는 뜻이 아니라 단지 모든 것을 적절한 한계 안에서 행하라는 뜻이다).

우리는 개중에 상당한 매력이 있는 사람들이 있음을 알고 있다. 그들은 남달리 풍채가 좋거나 웅변술이 뛰어나지 않는데도 사람들을 끌어당기는 힘이 있다. 사람들은 종종 내게 "당신은 그런 사람들에게 큰 영향을 미칠 수 있는데 왜 그들을 강하게 끌어당기지 않습니까?"라고 묻곤 한다. 이에 대해 나는 "굳이 그럴 필요가 없으니까요"라고 대답한다. 왜냐하면 이것은 자연적인 것에 불과할 뿐 영적이거나 초자연적인 차원의 것이 아니기 때문이다.

많은 사람들이 기독교란 심리학의 영역에 속하는 일종의 정신적 현상이라고 오해하고 있다. 우리가 그들을 탓할 수 없는 것은, 우리 신자들이 먼저 그런 과오를 범하고 있기 때문이다. 하나님의 능력이 여러분의 가족을 친히 끌지 않으신다면 당신에게 어떤 강렬한 매력이 있다 하더라도 아무 소용이 없다. 설사 당신에게 있는 동력으로 그들을 끌어당긴들, 진정으로 얻을 게 무엇이겠는가?

평화와 기쁨

기독교의 궁극적인 달성은 무엇인가? 바로 하나님과 완전히 연합하고 자아를 전적으로 상실하는 것이다. 현대 심리학에서도 소위 보이지 않는 '마음'과의 연합이라는 것이 있는데, 마음과 연합하면 인간은 자신의 정체를 잃게 된다. 이는 기독교와 비슷한 것 같지만 실제로 이 둘은 거리가 매우 멀다. 옥스퍼드 그룹 운동(Oxford Group Movement)을 통해 윤리적 평화 운동을 제창한 프랭크 부크먼(Dr. Frank Buchman)도 이런 종류의 심리학을 지지하였다. 그의 교의 중 하나는 명상에 관한 것이었다. 그는 "인간과 하나님의 교통을 위하여 명상이 절대 필요하다"고 말하면서 "이른 새벽에 성경을 읽을 것이 아니라 단지 명상을 하고 나서 기도하라"고 권했다. 기도 직후 제일 먼저 떠오르는 생각이 하나님에게서 오는 것이므로 하루 종일 그 생각을 따라 살아야 한다고도 단언했다. 누가 이를 정죄나 관념적 명상과 달리 생각하겠는가? 이런 명상의 결과는 무엇인가? 가장 큰 평화와 기쁨이라고 한다.

하지만 한 시간 동안 조용히 생각을 집중하면 누구라도 그런 평화와 기쁨을 얻을 수 있을 것이다. 심지어 아무 생각 없이 추상적인 명상만 해도 그런 평화와 기쁨은 주어질 것이다.

명상은 단순한 정신 작용의 일종에 지나지 않는다. 그러나 기독교 신앙은 그렇지 않다. 우리는 하나님에 대하여 명상할 필요가 없다. 왜냐하면 우리는 이미 하나님의 생명을 가졌기 때문이다. 우리는 느낌과 상관없이 직관으로 하나님을 알 수 있다. 우리 안에는 하나님을 알도록 해주는 직관적 안내자가 있다. 그리고 우리는 하나님의 말씀을 가지고 있다. 말씀이 무엇이라고 하든지 우리는 그대로 믿는다. 믿음만 있다면 우리는 감정을 무시할 수 있을 것이다. 이것이 기독교 신앙과 심리학의 차이점이다.

기적

기적에 대하여 살펴보도록 하자. 나는 개인적으로 기적을 반대하지는 않는다. 실제로 환자가 하나님의 치유 받는 것을 내 눈으로 보기도 했다. 나는 병 고치는 일 자체를 반대하는 것이 아니라 '그릇된 방법으로' 병 고치는 것을 반대하는 것이다. 어떤 사람들은 내게 방언하는 것을 반대하느냐고 묻는다. 물론 반대하지 않는다. 그러나 그릇된 수단을 통해 방언을 받거나 성경에 기록된 방언이 아닌, 다른 방언을 하는 것은 반대한다. 환상과 꿈에 대해서 말하자면 나 역시 큰 빛을 본 일이 있다. 나는 그런 것들이 모두 성경에 언급되어 있다는 것을 인정한다. 그러나 비합법적인 수단을 통해 환상과 꿈을 받는 것은 반대한다.

성경은 손을 얹고 기름을 바르는 것에 대해 이야기한다. 그러나 어떤 사람은 다른 사람의 머리에 손을 얹고 그의 뒤통수나 목을 힘껏 문지르면서 기분이 어떠냐고 계속 물어본다. 당연히 마사지를 받으면 목이 뜨거워지게 마련이다. 이것은 최면술사들도 사용하기를 거절하는 매우 저급한 속임수이다. 주지하다시피 우리 뇌의 뒷면에는 대신경이 있고 이것은 척추까지 뻗어 있다. 마사지를 하는 사람이 미처 깨닫지 못할지라도 이것은 최면술의 일종이다. 마사지를 받는 사람은 온기의 흐름이 척추를 통해 내려가는 것을 느낄 수 있으며 심지어 병 고침을 받을 수도 있다. 그러나 그것은 인간의 숨은 정신력이 나타난 것에 지나지 않는다. 그 사람이 완치되었다고 해도 나는 그것을 신유라고 인정할 수 없다.

성령 세례

성령 세례에 관하여 고찰해보자. 산둥성에 있을 당시, 나 역시 사람들에게 성령 세례를 구하라고 권하였다. 그렇다고 사람들을 좁은 방 안에 가둬놓고 며칠 동안 금식과 기도와 찬송을 하라고 한 건 아니었다. 계속 그렇게 했다가는 머지않아 사람들의 머리가 멍해지고 그들의 의지는 수동적이 되며 입에서는 횡설수설한 말들이 쏟아지게 될 것이다. 이런 모습으로 그들의 잠재력이 방출되는 것이다.

성령 세례를 구하는 집회에서 사람들은 할렐루야를 수천 번 외친다. 그러다가 그들은 머리가 둔해지고 정신이 멍해져 환상을 보기 시작할 것이다. 이것을 어떻게 성령 세례라고 할 수 있겠는가? 그것은 혼의 세례에 지나지 않는다. 그들이 경험하는 것은 성령의 능력이 아니라 혼의 능력, 혼의 잠재력이다. 그것은 인간적인 훈련을 통한 것이지 하나님에게서 받은 것이 아니다. 이는 성령의 세례를 구하는 바른 방법이 아니다. 안타깝게도 일부 목회자들은 이런 방식으로 성도들을 지도하고 있는데, 이는 하나님의 지시가 아니라 그들 자신의 체험에서 비롯된 것이다.

이 글을 읽는 독자들 중 어떤 사람은 "당신의 말대로라면 참된 기적은 없다는 것인가?"라고 질문할지 모른다. 물론 참된 기적은 있다. 나는 하나님께로부터 오는 모든 기적에 대하여 감사한다. 그렇지만 우리는 하나님에게서 오는 기적과 인간의 숨은 정신력으로 행해지는 기적을 분별할 필요가 있다. 산동성에 있을 때 나는 여러 해 동안 중풍으로 고생하던 부인이 완치되었다는 소문을 들었다. 그에게 행해진 치유가 참으로 하나님에게서 온 것이라면 나는 그 부인으로 인해 하나님께 감사드릴 것이다.

혼의 힘을 직시하자

죽음과 질병과 고통의 존재를 부인하던 크리스천 사이언스의 창설자 에디 여사는 결국 죽었다. 하지만 크리스천 사이언스는 에디 여사보다 오래 살아남아 계속해서 번영해가고 있다. 크리스천 사이언스의 신봉자들은 지금도 병자가 병이 없다고 믿으면 고통을 느끼지 않을 것이며, 죽어가는 사람이 자기가 죽지 않는다고 믿으면 죽지 않을 거라는 개념에 동의하고 있다. 결과적으로 많은 사람이 고침을 받았다. 크리스천 사이언스 교도들은 육신의 병을 고치려면 인간의 정신력을 강화하면 된다고 믿고 있으며 실제로 이를 위해 애쓰고 있다.

오늘날 혼의 잠재력을 개발함으로써 이적을 행하는 일이 부쩍 늘고 있다. 이 이적들 가운데 상당수가 매우 초자연적이고 기적적이다. 하지만 아무리 넋이 나가도록 놀라운 현상이라 할지라도 이 모든 것은 혼의 잠재력이 나타난 것에 지나지 않다.

나는 예언자는 아니지만 예언에 관한 책들을 읽었다. 그리고 앞으로 혼의 잠재력이 대대적으로 나타나게 될 것을 깨달았다. 왜냐하면 말세에 사탄은 자기의 일을 성취하기 위해 인간의 정신력을 강탈할 것이기 때문이다. 만일 그가 이 힘을 강탈하는 데 성공한다면 큰 이적을 행할 수 있을 것이다.

이적에 관련하여 세상에는 양극단을 지지하는 두 부류의 사람들이 있다. 한 부류는 이적이 없다고 주장한다. 그들은 신유와 같은 기적 이야기를 들을 때면 반감을 갖고 인정하기를 거부한다. 반면 다른 한 부류는 이 이적들이 하나님에게서 나오든 마귀에게서 나오든 상관없이 무조건 기적을 중요시한다. 오늘날 우리는 이 두 가지 극단에 빠지지 않도록 조심해야 한다. 이적이 나타날 때마다 우리는 그것이 하나님이 행하신 일인지 아니면 마귀가 행한 일인지 물어보아야 한다. 하나님의 성령에 의해 이루어진 일인지, 아니면 인간 심리의 법칙에 의해서 이루어진 일인지 검토해보아야 한다.

오늘날 우리는 마음과 의지와 감정 같은 능력을 사용해서 일을 해야 한다. 마음과 의지와 감정은 인간이 사용하지 않을 수 없는 정신적 기관들이다. 만일 인간이 이를 사용하지 않으면 악령이 대신 사용할 것이다. 그러나 우리는 우리 혼에 숨어 있는 힘을 나타내지 않도록 유의해야 한다. 만일 사람이 혼 배후에 숨어 있는 힘을 사용하기 바란다면 악령은 그에게 온갖 종류의 거짓된 이적을 행하기 시작할 것이다. 혼과 그 혼의 심리적 법칙에 의해 이루어지는 일들은 모두 위조된 이적들이다. 성령의 능력으로 이루어지는 일만이 참된 것이다.

성령은 자신만의 행동 법칙을 가지고 계시다. 그것은 로마서 8장 2절에 "생명의 성령의 법"이라고 기록되어 있다. 성령이 참되시고 성령의 법칙이 진실함으로 인해 하나님께 감사드린다. 성령의 법칙을 따라 행해지는 이적만이 하나님께로부터 오는 것이다.

회교도들은 주 예수님에 대한 신앙을 갖기가 지극히 어렵다. 그래서 그들 중 기독교로 개종하는 경우는 매우 드물다. 회교도들이 어떻게 기도하는지 알고 있는가? 매일 세 번씩 회교 사원에서 기도한다. 그리고 뭔가 중요한 일이 이뤄지기를 바랄 때는 수만 명이 마음을 합해 기도한다. 가령 회교도들은 터키가 백인들의 통치로부터 벗어나 회복하게 해달라고 함께 모여 외친 적이 있었다. 펜 루이스 여사는 이 일을 다음과 같이 묘사했다.

델리의 웅장한 줌나 회교 사원(Jumna Mosque)에 십만 여 명의 회교도들이 모여 기도하고, 더 많은 사람들이 사원 밖에서 기도하고 있는 광경을 상상해보라. … 터키는 본국에 치명적인 손실을 야기한 세브르 조약(Treaty of Sevres)을 개정하여 잃었던 것을 되찾게 되었다. 한 동방 나라가 서양의 여러 나라를 제압하여 큰 승리를 거둔다는 것은 상상할 수 없는 일이다. 인도의 수백 만 교도들은 그 이유를 '혼의 힘'이라는 말로 설명한다.[2]

불행하게도 많은 그리스도인의 기도가 하나님께 응답받는 것이 아니라 그들의 혼에 잠재되어 있는 힘의 방출에 의해 이루어지고 있다. 그들은 회교도와 똑같은 방법으로 그들의 목적을 달성하고 있는 것이다.

이제 힌두교에서 나타나는 힘을 살펴보자. 어떤 힌두교도는 조금도 그을리지 않고 불 위를 걸어갈 수 있다. 이것은 결코 속임수가 아니다. 그들은 불 위를 걷되 단지 몇 발자국 걷는 정도가 아니라 벌겋게 달구어진 쇠 위를 밟고 긴 거리를 횡단할 수 있다. 조금도 상처를 입지 않은 채 말이다. 어떤 사람은 못이 솟아 있는 침대 위에 누울 수 있다. 이것도 역시 정신력을 개발한 것이다. 그리스도인

---

[2] Mrs. Jessie Penn-Lewis, *Spirit and Soul*. Poole, Dorset, England, Overcomer Literature Trust, 1968?, p. 56.

들이 힌두교도들이 사용하는 것과 똑같은 힘을 사용해서 이적을 행한다면 얼마나 비참한 일이겠는가?

종종 그리스도인들은 집회에서 그들을 내리누르는 어떤 힘을 느낄 수 있다. 심지어 기도할 때나 성경을 읽을 때에도 까닭 없이 어떤 압력을 느끼기도 한다. 이 모든 것이 정신력을 이용하여 우리를 내리누르거나 공격하는 사탄에게서 오는 것이다. 온 세계의 성숙한 신자들은 특히 말세에 마귀의 공격이 극심해질 것을 알고 있다. 전 세계의 분위기가 정신적인 힘으로 포화 상태에 있는 듯한 이때에 우리는 주님의 보혈 아래 숨어 보호를 받아야 한다.

예배 중 혼의 힘이 작용하고 있다면 여러분은 여러분을 선동하는 듯한 무언가가 있다는 것을 느낄 수 있을 것이다. 예배를 이끌던 설교자가 "회개하고 구원받은 사람들이 이곳에 있습니다"라고 말할지라도 여러분은 과연 그러한지를 신중하게 살펴볼 필요가 있다. 합당하지 못한 힘이 거기에 섞여 있을 수 있기 때문이다. 만일 회개와 구원을 가져왔다는 그 힘이 하나님에게서 왔다면 하나님의 성령의 역사이기 때문에 여러분의 마음은 가볍고 경쾌했을 것이다. 마귀는 큰 회중 가운데서도 혼의 힘을 이용하므로 우리는 기만당하지 않기 위해 영에 대한 식별력을 항상 갖추고 있어야 한다.

바야흐로 때가 이르렀다. 사탄은 자신의 총력을 발휘하고 온갖 방편을 이용하여 종교인과 정신과학자, 심지어 그리스도인 안에서도 혼의 잠재력을 불러일으키고 있다. 이것이 우리가 처한 현실이다. 우리는 주님께 영 분별을 위한 빛을 달라고 간구해야 할 것이다.

chapter 3

영의 힘 vs. 혼의 힘

성경의 예언 | 이적에 관한 균형 잡힌 태도 네 가지 | 혼의 잠재력이 나타나는 예 | 결과의 차이로 분별하라 | 혼의 역사의 위험성을 알라 | 영은 생명을 공급한다 | 혼의 힘을 제거하라 | 주님의 모범을 배우라

**THE LATENT POWER OF
THE SOUL**

영의 힘 vs. 혼의 힘

　계속해서 혼의 잠재력이라는 중요한 문제를 살펴보기로 하자. 우리는 혼의 힘이 할 수 있는 일이 무엇인지 보았고, 하나님의 일과 하나님의 일이 아닌 것을 분별하는 방법에 대해 살펴보았다. 말세에는 많은 이적과 초자연적인 역사가 있다. 이것들이 하나님에게서 왔는가, 다른 어떤 세력으로 말미암은 것인가? 우리는 영적인 것과 혼적인 것을 분간할 수 있어야 한다.

　이제 우리는 더 나아가 혼의 힘이 어떻게 작용하는지, 그 방법을 고찰해보고자 한다. 이런 지식은 무엇이 하나님께 속한 것이고 무엇이 하나님께 속한 것이 아닌지를 아는 데 도움이 될 것이다.

성경의 예언

먼저 말세와 임박한 주의 재림 전에 세상에 나타날 징조가 무엇인가를 알기 위해 성경을 살펴보자.

> 거짓 그리스도들과 거짓 선지자들이 일어나 큰 표적과 기사를 보여 할 수만 있으면 택하신 자들도 미혹하리라(마 24:24).

> 내가 본 짐승은 표범과 비슷하고 그 발은 곰의 발 같고 그 입은 사자의 입 같은데 용이 자기의 능력과 보좌와 큰 권세를 그에게 주었더라. 그의 머리 하나가 상하여 죽게 된 것 같더니 그 죽게 되었던 상처가 나으매 온 땅이 놀랍게 여겨 짐승을 따르고 용이 짐승에게 권세를 주므로 용에게 경배하며 짐승에게 경배하여 이르되 누가 이 짐승과 같으냐 누가 능히 이와 더불어 싸우리요 하더라. 또 짐승이 과장되고 신성 모독을 말하는 입을 받고 또 마흔두 달 동안 일할 권세를 받으니라 … 그가 먼저 나온 짐승의 모든 권세를 그 앞에서 행하고 땅과 땅에 사는 자들을 처음 짐승에게 경배하게 하니 곧 죽게 되었던 상처가 나은 자니라 큰 이적을 행하되 심지어 사람들 앞에서 불이 하늘로부터 땅에 내려오게 하고(계 13:2-5, 12-13).

> 그 때에 불법한 자가 나타나리니 주 예수께서 그 입의 기운으로 그를 죽이시고 강림하여 나타나심으로 폐하시리라 악한 자의 나타남

은 사탄의 활동을 따라 모든 능력과 표적과 거짓 기적과 불의의 모든 속임으로 멸망하는 자들에게 있으리니 이는 그들이 진리의 사랑을 받지 아니하여 구원함을 받지 못함이라(살후 2:8-10).

이 구절들을 설명하기에 앞서 데살로니가후서 2장 9절을 먼저 보자. 여기에는 '거짓 기적'이라는 말이 나온다. 거짓 기적이란 실제로 일어난 기적이지만 사람들을 속일 목적으로 행해진 기적을 말한다. 이런 현상들은 상상이 아니라 실재이다. 다만 그 목적이 속이는 것일 뿐이다.

앞에 열거한 세 구절들은 하나의 사실을 가리키고 있다. 이것들은 대환난 중에 일어날 일들이라는 점이다. 물론 이들 중 어떤 일들은 틀림없이 대환난 전에 일어날 것처럼 보인다. 이는 성경에 나타난 분명한 법칙과 부합되는데, 즉 예언이 성취되기 전에 보통 그와 비슷한 사건이 최종적인 실현의 전조로서 미리 일어난다는 것이다. 따라서 미래를 내다보는 많은 학자들은 대환난 중에 일어날 사건들이 비록 그때만큼 격렬하지는 않을지라도 지금 하나씩 일어나고 있다는 데 의견을 모으고 있다.

또한 위 성구들은 대환난기의 특성을 잘 보여주고 있다. 그때는 큰 표적과 기사가 나타날 것이다. 주님이 재림하시기 전에 적그리스도는 표적과 기사를 행하는 일에 특별히 주력할 것이다. 사람이 도착

하기 전에 먼저 그 사람의 그림자가 보이고 그의 음성이 먼저 들려오는 것처럼 대환난도 그것이 임하기 전에 대환난의 표적과 기사의 그림자 및 소리가 이미 존재하고 있는 것이다. 표적과 기사는 대환난 중 가장 성행하게 될 것이므로 지금부터 서서히 증가해가고 있다.

이적에 관한 균형 잡힌 태도 네 가지

앞으로 더 나아가기 전에 내 의견을 말하고자 한다. 나는 개인적으로는 이적을 반대하지 않는다. 성경에는 이적에 관한 기록들이 많고 이것들은 매우 귀중하며 중요하다. 나는 앞서 신자들이 몇 가지 점에서 성장해야 함을 강조하였다.

첫째, 사람은 구원받은 후 성경 지식을 추구해야 한다. 둘째, 승리, 거룩, 완전한 사랑 같은 영적 생활의 진보를 도모해야 한다. 이는 참으로 중요한 일이다. 셋째, 영혼을 구원하는 일에 열심을 내야 한다. 넷째, 하나님이 행하시는 이적을 보겠다는 순수한 믿음을 가지고 하나님을 신뢰해야 한다.

오늘날 교회에는 이 네 가지를 골고루 강조하는 경우가 많지 않다. 가령 어떤 교회는 성경을 해석하는 데만 치중하여서 교인들이 풍부한 지식은 갖춰도 실천에는 별 관심을 기울이지 않는다. 또 어떤 신자는 전도나 봉사에 열정적이지만 성경을 배우는 데는 소홀히

한다. 이처럼 균형을 잃은 노력은 모두 불건전한 것이다.

오늘날 교회에는 성경을 지적으로나 영적으로 해석하려고 노력하는 이들, 보다 깊고 풍성한 삶을 추구하는 이들, 영혼 구원에 열정을 쏟는 이들이 적지 않다. 그런데도 하나님으로부터 오는 것들을 얻기 위해 살아 있는 믿음으로 그분을 신뢰하는 이들이 거의 없다는 사실은 참으로 아이러니가 아닐 수 없다.

모든 신자는 앞서 언급한 네 가지를 동일하게 중시하여 균형 있게 성장하도록 힘써야 할 것이다. 그러므로 나는 이적을 반대하지 않는다. 오히려 이적의 가치를 높이 본다. 하지만 위조되거나 하나님 것이 아닌 이적은 반드시 분별해야 한다.

모든 하나님의 역사는 성령이 우리의 영과 더불어 이루시는 것이다. 이 점을 꼭 기억하기 바란다. 결코 인간의 혼에 의한 것이 아니다. 인간의 혼의 힘을 이용하는 것은 사탄이다. 그 혼의 힘은 타락 후 지금껏 인간의 육체 안에 숨겨져 있다. 그러므로 말세에 사탄이 자신의 힘과 권세를 가진 적그리스도를 일으키는 것은 불가피한 일이다. 왜냐하면 인간의 혼의 잠재력을 의존해야 하기 때문이다.

이제는 혼의 잠재력이 나타나는 현상들을 이해하는 데 도움이 될 만한 몇 가지 예를 제시하고자 한다. 앞서 혼의 잠재력이 가진 이적적인 면을 다루었기 때문에 이제부터는 비이적적인 면에 초점을 맞추겠다.

혼의 잠재력이 나타나는 예

실례 ❶ 개인 관계

사람마다 심리 상태가 다르듯 혼의 힘도 제각기 다르다. 어떤 사람은 민감하고 강한 정신을 가지고 있어서 다른 사람의 생각을 알아채곤 한다. 어쩌면 여러분 중에는 상대에게 적절한 말을 해주기 위해 그 사람의 생각을 알 필요가 있지 않느냐고 말하는 분이 있을 것이다. 하지만 이것은 인간적으로 타고난 지각이므로 마땅히 배격해야 한다.

이 점을 밝히기 위해서 나 자신의 경험을 말하는 것을 양해해주기 바란다. 나는 사람들을 접할 때 짧게 몇 마디만 주고받아도 그 사람의 생각을 쉽게 확인할 수 있다. 특별한 방법을 동원하지 않아도 자연스럽게 그렇게 된다. 주님을 위해 처음 일할 당시 나는 다른 사람의 마음을 읽는, 이런 자연적인 지각이 사역에 큰 도움이 된다고 생각하였다. 그러나 시간이 지나면서 이런 타고난 자연적 능력은 사용하지 않으려고 노력하게 되었다. 지금도 그런 상황이 일어날 때마다 나는 즉시 기도로 그것을 물리친다.

전도하기 위해 사람들과 이야기할 때 여러분은 그들 마음속에 일어나는 생각들을 알려고 할 필요가 없다. 그것은 헛된 일이다. 왜냐하면 혼에 속한 것과 혼의 힘으로 행해지는 일은 모두 허사로 끝날 것이기 때문이다. 만일 혼의 힘으로 무언가가 이루어져서 누군가가 그로 인해 도움을 얻었다고 할지라도, 이는 사람의 생명까지 일으켜 세울 수는 없다. 왜냐하면 거기에는 그 사람의 존재 깊은 곳까지 미치는 참된 유익이 없기 때문이다.

그러므로 누군가가 여러분을 찾아오거든 그 사람을 도울 수 있는 방법을 가르쳐달라고 하나님께 간구하라. 그것이 가장 중요하다. 우리는 그 사람이 무엇을 생각하고 있는지, 그의 정신적 혹은 영적 상태가 어떠한지 확실히 알지 못하므로 하나님을 전적으로 신뢰하며 할 말을 알려달라고 구해야 한다. 우리에게 필요한 것은 하나님의 도움을 받기 위해 우리 자신을 완전히 낮추는 일이다.

실례 ❷ 집회 분위기

많은 설교자들이 내게 와서 집회 인도에 관한 이야기를 하곤 하는데, 다음과 같은 이야기를 들을 때면 나는 이상한 기분을 느낀다. 가령 어떤 설교자는 조명이 어둡고 빈자리가 많은 교회에 가면 힘이 빠지는 것 같고, 청중이 많이 모인 환하고 열광적인 분위기에서는 힘이 난다고 말한다. 이것은 무슨 힘일까?

솔직히 말하면 이것은 그 사람 자신의 혼의 힘에 지나지 않는다. 성령으로부터 오는 힘은 외부 환경의 영향을 결코 받지 않는다. 혼의 힘으로 설교한다는 것이 무엇인지 알기 원한다면 사람들이 가득

들어차고 훌륭한 시설을 갖춘 집회에 한번 참석해보면 된다. 청중의 찬송 소리와 움직임을 살펴보면 그 혼잡한 장소에 특별한 힘이 있다는 것을 느낄 수 있을 것이다. 이 힘은 무슨 힘인가? 여러분도 어떤 힘이 자신을 내리누르고 있다고 느껴지는가? 그것은 성령의 힘일 수 없다. 혼의 힘이다.

왜 그것이 혼의 힘으로 간주되는가? 청중이 하고 있는 행동을 보라. 그들은 찬송을 부를 때 한 방향을 향한다. 그래서 집단에서 발생되는 모든 혼의 힘을 집중시킨다. 얼마나 엄청난 힘인가! 여러분은 그들을 도와줄 생각으로 참석했다가 오히려 이런 분위기 속에서 그들에게 영향을 받고 말 것이다. 이 얼마나 위험한 일인가?

수많은 주의 종들이 내게 와서 한결같이 '몇 명 정도 모였는지, 집회 분위기가 어떠했는지, 어떤 장치가 집회 인도에 도움이 되거나 방해가 되었는지' 등을 이야기한다. 나는 그때마다 그들에게 자기 자신의 힘으로 설교하기 때문에 환경의 지배를 받게 되는 것이라고 대답해준다.

실례 ❸ 빠르고 반복적인 찬송

여러 번 반복해서 찬송을 부르는 것은 하나님의 역사에 큰 도움이 된다. 그러나 때때로 그것은 혼적인 활동이 될 수 있다. 많은 사람들이 성가대나 찬양팀의 음악이 마음에 든다는 이유로 참석할 교회를 선택하곤 한다. 어떤 교회는 파이프 오르간을 설치하는 데 천여만 원을 들인다. 사람들은 그런 교회에서 오르간과 성가대 소리를 듣는 순간 그들의 영이 하나님의 임재 안에 들어가는 것 같다고 말한다. 물론 이런 일은 실제로 일어난다.

그러나 그들이 참으로 하나님의 존전에 나아가게 되었을까? 사람들의 영이 이렇게 작은 힘의 작용으로 하나님의 임재 속에 깊이 들어갈 수 있을까? 이것이 하나님의 방법일까?

나는 이런 곳에 갖추어진 많은 장치들이 육적인 것이라고 생각한다. 사람의 감정을 움직이고 종교적인 본능을 자극하는 장치들이라 생각한다. 이런 힘은 하나님의 힘이 아니라 음악의 힘이다. 찬송은 불러야 하지만 찬송을 의지해서는 안 된다. 오직 성령에 의해 이루어지는 일만이 우리에게 유익을 준다. 그 외에는 어떤 것도 우리의 영에 도달하지 못한다.

일전에 나는 바닷가에 있는 어느 시골 마을에 간 적이 있다. 그곳 주민들은 모두 어부였고 마을 곳곳에는 신자들이 흩어져 살고 있었다. 그들은 때때로 20-30명, 많게는 50-60명 모여 집회를 갖고 있었다. 그들이 모두 모여 찬송을 부를 때마다 고르지 못한 음정이 얼마나 귀를 찌르던지! 어떤 사람은 빠르게 부르고 어떤 사람은 느리게 불렀기 때문에 다 부른 사람이 느리게 부르는 사람들을 한참 동안 기다리기도 했다.

여러분은 이런 상황에서 모임을 이끌어갈 수 있겠는가? 아마 견디기 어려울 것이며 힘이 다 빠질 것이다. 어떤 형제는 그들의 찬송 소리를 듣고 나서 더 이상 설교할 수 없다고 말했다. 나는 그 형제에게 그 힘이 자신에게서 나왔는지 아니면 하나님으로부터 나왔는지 물어보았다.

우리는 환경을 바라보고 환경의 영향을 받는 일이 많다. 그러나 만일 성령의 능력으로 행한다면 우리가 환경을 지배할 것이다. 이것이 우리 각자가 굳게 잡아야 할 중요한 원리이다. 우리는 환경의 지배를 받지 않도록 혼의 힘을 사용하지 말아야 한다.

물론 하나님은 때로 압도적인 분위기에서 우리를 자유롭게 하시기 위해 찬송을 사용하기도 하신다. 기도 역시 유익한 것이다. 그러나 만일 우리가 찬송이나 기도를 '중심'으로 삼으면 혼의 힘을 풀어놓을 위험에 놓인 것이다.

많은 사람들이 엿새 동안 분주하고 부주의하게 살다가 주일 예배에 참석한다. 그리고 계속 이어지는 찬송 소리에 뜨거움과 기쁨을 느낀다. 그러나 이런 흥분과 기쁨은 어디서 오는 것인가? 나는 여기서 무언가 석연찮은 생각을 가지게 된다. 만일 사람이 엿새 동안 아무 생각 없이 살다가 다음 날 하나님께로 나왔다면 그는 죄책감을 느끼고 자신을 꾸짖어야 마땅하다. 그런데 어째서 찬송이 그를 뜨겁게 하고 기쁨을 느끼게 하는가? 이것은 성령의 힘이라고 할 수 없다. 나는 결코 옹색한 비평가가 되고 싶지 않다. 그러나 너무 많은 찬송은 혼의 힘을 자극하게 된다는 점을 지적하지 않을 수 없다.

실례 ❹ 잘못된 성경 해석

성경 연구를 하는 중에도 혼의 잠재력이 나타날 위험이 있다. 예를 들어 어떤 사람이 성경의 어느 대목을 깨달을 수 없어서 곤혹스러워하고 있다고 하자. 그는 그 뜻을 이해하지 못해 길을 걸을 때나 침소에 누울 때나 버스를 탈 때나 계속 그것을 생각한다. 그러다 갑자기 어디선가 빛이 비춰지는 것을 느낀다. 그는 자기 자신이 논리적으로 그 구절을 해석할 수 있을 것 같아서 성경을 다시 펼쳐들거나 머리에 떠오르는 것을 노트에 기록할 것이다.

그런데 가만히 생각해보면 이처럼 갑자기 해석된다는 게 이상하지 않은가? 그런 상황에서는 반드시 '이것이 믿을 만한 것인가?' 하고 자문해보아야 한다. 왜냐하면 그런 해석은 종종 혼의 힘에서 나올 수 있기 때문이다. 우리는 결과를 살펴봄으로써 해석의 건전성을 명백히 판단할 수 있다. 이런 신기하고 특별하고 심원하게 보이는 해석은 영적인 열매를 맺지 못할 것이다. 그 사람은 자신의 그런 해석으로부터 생명을 얻지 못할 뿐만 아니라 다른 사람에게도 생명을 나누어줄 수 없다. 그는 기껏해야 사람들의 지성에 약간의 도움을 줄 수 있을 뿐이다.

실례 ❺ 거룩한 웃음

많은 사람들은 감정적인 기쁨을 맛보기 바란다. 소위 거룩한 웃음이 그러한 극단적인 경우이다. 어떤 사람들은 성령 충만을 받으면 필연적으로 이 거룩한 웃음을 웃게 된다고 주장한다. 이런 웃음을 웃는 사람들은 자신을 통제하지 못한다. 마치 어떤 병에 걸리기라도 한 것처럼 웃고 또 웃으며 반쯤 미친 것처럼 보이기도 한다.

한번은 어느 집회 인도자가 설교를 마친 후 청중에게 이 거룩한 웃음을 구하라고 선포하였다. 사람들은 책상과 걸상을 두들기며 이리저리 뛰고 굴렀고 얼마 후 그들에게 소위 거룩한 웃음이 임했다. 그들은 서로 마주 보면서 웃기 시작하였다. 웃음이 더욱 요란하고 빈번하게 터져 나왔다. 그들은 참지 못하고 계속 웃었다. 이것을 성령 충만이라고 할 수 있을까? 이것을 성령의 역사라고 할 수 있을까? 아니다. 이것은 분명히 혼의 역사이다.

내가 이 극단의 경우를 말하는 것은, 이러한 '극단'을 통해 미세한 차이로 인한 오류를 설명하기 위함이다. 이런 점검의 원리는 사랑하는 동료 그리스도인인 발로우 씨의 관찰력에서 통찰을 얻은 것이다. 가령 무엇이 옳은지 그른지 판가름하려면 그것을 100도로 확대하여 볼 필요가 있다. 만일 100도에서 그릇되었다면 그것은 1, 2도에서도 역시 그릇되었다는 것을 알 수 있다. 1, 2도만으로는 판단하기가 매우 힘들다. 오류가 너무 미세하면 분별하기가 힘든 것이다.

그러나 이를 늘이거나 넓힘으로써 상황을 확실히 분별할 수 있다.

중국 격언에는 한 치의 백분의 일 또는 천분의 일이 빗나가면 끝에 가서는 천 리가 벌어질 것이라는 말이 있다. 만일 우리가 한 치의 백분의 일이나 천분의 일만 그릇되게 출발해도 나중에는 천 리나 어긋나 있을 것이다. 거꾸로 천 리의 어긋남을 봄으로써 한 치의 백분의 일이나 천분의 일이 잘못된 것임을 볼 수 있다.

평행선처럼 보이는 두 개의 선이 있는데, 육안으로는 식별하기 어려울 정도로 1도나 2도 차이가 있다고 하자. 이 선들은 한 치만 늘여보아도 그 사이가 눈에 띄게 커질 것이다. 이 선들을 땅 끝까지 연장한다면 그 사이가 얼마나 벌어지겠는가? 출발점으로부터 수만 킬로미터 떨어진 곳에서 나타난 오류는 그 출발점에서 이미 오류가 있었음을 증명한다.

그러면 이 법칙을 소위 거룩한 웃음에 적용해보자. 사람들은 이 웃음을 어떻게 얻는가? 그들은 어떠한 과정을 거치며 어떠한 조건을 충족시켜야 하는가? 그것은 단지 웃음을 구하는 것이다. 거기에는 한 가지 생각, 즉 웃어야 한다는 생각밖에는 없다.

그들이 성령 충만을 구하고 있을까? 입술로는 "오, 하나님! 주님의 영으로 나를 채우소서"라고 말할 것이다. 그러나 그것은 하나의 절차에 지나지 않는다. 성령 충만을 구하는 목적은 다른 데 있다. 입술로는 그렇게 말할지라도 마음의 소원은 다른 데 있는 것이다.

그들의 목적은 무엇인가? 그들은 웃기를 바라고 기뻐하기를 원한다. 그들은 "오, 하나님! 나를 주님의 영으로 채워주옵소서. 나는 외적인 감각을 바라지 않습니다. 만일 주님이 나를 성령으로 채워주신다면, 나는 느낌이 있든 없든 만족하겠나이다"라고 기도하지 않는다. 누구든지 하나님의 성령으로 충만해지기를 원하는 사람은 감각에 관계없이 만족하겠다는 태도를 취해야 한다.

실제로 있었던 한 예를 이야기해보겠다. 회심하고 주님을 믿게 된 한 학생이 있었다. 그에게는 이미 그리스도인이던 친구가 하나 있었다. 그 친구는 "거룩한 웃음이 가득해서 아침부터 저녁까지 아무 슬픔 없이 기쁘기만 하다"며 그런 체험이 영적 성장에 얼마나 도움되는지 설명했다. 그러면서 성령 충만을 구하라고 강력하게 권하였다. 이제 막 회심한 그 학생은 자신도 그런 체험을 해보고 싶다는 생각에 하나님께 간절히 기도하기 시작했다. 심지어 식욕을 잃고 공부를 뒷전에 둘 정도로 간구했다. 나중에는 선생님을 찾아가 기도해달라고 부탁하기까지 했다.

그날 저녁 그 학생과 선생은 하나님이 거룩한 웃음을 체험시켜주지 않으시면 자리에서 일어나지 않겠다고 맹세하며 기도를 계속했다. 그러던 중 학생은 갑자기 뛰어오르며 기쁘다고 소리쳤다. 그는 웃고 또 웃었다. 춤추고 소리까지 질렀다. 선생은 그가 정신적으로 무언가 잘못된 게 아닐까 생각하며 의사처럼 그를 붙들고 "얘야, 진정하자. 정신 좀 차려봐"라고 말하였다. 그러나 그렇게 달래면 달랠수록 그는 더더욱 소란을 피웠다. 그의 선생은 이것이 참으로 하나님으로부터 왔다면 자기가 성령을 거스르게 될까봐 두려워 더 말하지 않기로 했다.

마침내 학생은 집으로 돌아갔고 다음 날이 되자 웃음이 잦아들었다. 자연스럽게 기분이 진정된 것이었다. 그가 경험했다는 거룩한 웃음은 혼의 힘을 해방한 것에 불과했다. 혼의 힘이 작용할 수 있는 조건을 충족시킨 것뿐이었다.

실례 ❻ 환상과 꿈

오늘날 많은 그리스도인들은 환상과 꿈을 구한다. 만일 누군가가 내게 환상과 꿈에 대해 어떻게 생각하느냐고 묻는다면 나는 그것을 반대하지는 않는다고 답변할 것이다. 왜냐하면 성경에도 하나님이 환상과 꿈을 통하여 당신의 백성들에게 말씀하시는 장면들이 등장하기 때문이다. 그러나 오늘날 그리스도인들이 경험하는 환상과 꿈에 대해서는 그 근원에 주의하라고 말하고 싶다. 하나님에게서 온 것인지 아닌지를 분별하라고 말이다.

요즘 집회를 가보면 참석자들이 자신들의 환상과 꿈을 열렬히 간증하는 모습을 빈번하게 보게 된다. 환상에 대한 이야기를 들으면 사람들은 그와 같은 체험을 자기도 하게 해달라고 하나님께 간구하기 시작한다. 환상이 나타나지 않으면 며칠이고 금식 기도를 한다. 점차로 그들의 육신은 약해지고 그들의 마음은 공허해지고 그들의 의지는 자발성을 잃어간다. 그러다 소위 환상과 꿈을 보게 된다. 그들이 무언가 받은 것은 틀림없다.

그러나 그들은 이런 환상이나 꿈을 어떻게 받는 것일까? 이것이 과연 하나님에게서 왔을까? 마음을 공허하게 하고 의지를 꺾어버리는 그러한 은사는 성경의 가르침에 완전히 배치되는 것이다. 그들은 자기 최면에 걸리는 것에 지나지 않는다.

어떤 사람들은 꿈을 곧잘 꾸고 그것을 그럴싸하게 해몽하는 것처럼 보인다. 일례로 내게는 꿈을 잘 꾸는 의사 친구가 하나 있는데 그는 만날 때마다 새로운 꿈과 해몽을 들려주곤 했다. 그는 거의 매일 밤 꿈을 꾸었고 하룻밤 사이에 서너 번 꿈꾸는 일도 자주 있었다. 왜 그랬을까? 하나님이 그에게 많은 꿈을 보여주셨던 것일까? 나는 그 이유를 안다. 그는 평소에 백일몽을 꾸는 사람이었다. 그렇게 현명한 의사가 잡다한 생각에 빠져 산다는 것이 참으로 놀라운 일이지만 어찌되었건 그는 아침부터 저녁까지 머릿속으로 계속 그림을 그리고 있었다. 생각을 좀처럼 통제할 수 없어서 밤에 꾼 꿈을 낮에도 생각했던 것이다.

나는 그에게 그 많은 꿈들을 물리치지 않으면 결국 기만당하여 영적 생명의 성장을 방해받을 수 있다고 강력하게 권면해주었다. 감사하게도 그는 내 충고를 받아들이고 노력한 끝에 혼잡한 생각과 꿈에서 벗어나기 시작했다. 이 경험으로 미루어보건대, 많은 꿈들은 하나님에게서 오는 것이 아니라 산란한 마음의 결과에 지나지 않는다.

많은 사람들이 환상을 구하고, 빛이나 불꽃을 보았다고 말하며, 자신이 경험한 꿈을 간증한다. 나는 이러한 것들을 반대하는 것이 아니라 다만 그 근원을 주의 깊게 살펴보아야 한다고 말하는 것이다. 혼에서 나왔는지 아니면 영에서 나왔는지 분별해야 한다. 무엇이든지 영에서 이루어진 일은 모방이 가능하다. 이 점을 기억하자. 이러한 현상들의 근원을 탐색하지 않으면 우리는 쉽게 속임을 당할 것이다.

결과의 차이로 분별하라

영의 작용과 혼의 작용은 결과 면에서 어떻게 다른가? 이것이 영에 속한 것과 혼에 속한 것을 분별하는 데 중요한 실마리를 제공해 줄 것이다. "첫 사람 아담은 생령이 되었다 함과 같이 마지막 아담은 살려 주는 영이 되었나니"(고전 15:45).[1]

---

1) 한글성경에는 모두 영으로 되어 있으나 원래는 혼과 영이 구분되어 있다 _역자 주.

여기서 바울은 첫째 아담이 생령(living soul)이 되었다고 한다. 그 혼(soul)은 살아 있다. 그 혼은 생명을 갖고 있으며 그 생명이 사람으로 하여금 온갖 일을 하게 한다. 이것이 아담이 차지했던 지위를 가리킨다. 바울은 계속해서 "마지막 아담은 살려 주는 영(life-giving spirit)이 되었나니"라고 한다. 이 말씀에 주의를 기울여야 한다. 이 말씀은 매우 귀하고 의미 있는 말씀이다. 바로 여기서 영의 작용 결과와 혼의 작용 결과가 어떻게 다른지 분명하게 드러나기 때문이다. 혼은 그 자체가 살아 있고 그 안에 생명을 가지고 있다. 그러나 영은 나아가 다른 사람에게 생명을 주고 그들을 살릴 수 있다. 혼은 그 자체가 살아 있지만 영처럼 다른 사람을 살릴 수는 없다. "살리는 것은 영이니 육은 무익하니라"(요 6:63)고 주님이 말씀하신 것처럼 영은 그 자체가 살아 있을 뿐 아니라 다른 사람에게 생명을 줄 수 있다. 우리는 이 두 가지 작용을 명백하게 구별해야 한다. 이 점을 혼동하는 사람은 결코 건강한 사역을 할 수 없다.

거듭 말하지만 혼은 그 자체가 분명히 살아 있으되 다른 사람을 살릴 수 없다. 반면에 영은 그 자체가 살아 있을 뿐 아니라 다른 사람에게 생명을 줄 수 있다. 이것이 우리가 혼의 힘을 포기해야 하는 이유이다. 혼에 속한 모든 것은 아무 유익이 없다.

우리는 용어상 논쟁을 하고 있는 것이 아니다. 이것은 너무나 큰 영적 원리이다. 혼은 비록 살아 있으나 다른 사람을 살리지 못한다.

그러므로 우리는 누군가를 도울 때 그의 마음에만 도움을 주려 할 것이 아니라 그의 존재 가장 깊은 데까지 가닿도록 해야 한다. 또한 혼의 힘을 따라 일하지 말고 혼에서 나오는 것은 무엇이든 거절해야 한다. 혼의 힘은 아무도 구원하지 못하고 아무 유익도 주지 못하며 하나님의 역사에도 방해가 되기 때문이다. 그것은 하나님의 영광을 빼앗고 하나님을 대적하는 것이다.

혼의 역사의 위험성을 알라

영의 역사와 혼의 역사의 차이점을 보여주는 실례를 들어보겠다. 이적에 관련해서는 앞서 이미 다루었으므로 여기서는 논하지 않기로 한다.

오늘날 교회에서는 심리적 방편을 사용하는 것이 거의 일반화되었다. 예배나 집회에서 사람들의 주의를 끌거나 청중을 자극하기 위해 심리학적 방법이 얼마나 빈번하게 사용되고 있는가? 어떤 종류의 심리학적 기법이 사용되었는가로 어떤 성격의 사역이 행해졌는지 짐작해볼 수 있을 정도이다.

안타깝게도 많은 설교가 청중의 혼에는 도움을 주지만 영에는 영향을 미치지 못한다. 이런 메시지는 단지 혼에서 나오는 것이므로 인간의 혼에 도달하여 지적인 영역에만 약간의 유익을 더해줄 뿐이다. 우리는 이러한 방법으로 일해서는 안 된다.

오늘날 얼마나 많은 부흥회가 열리고 있는가? (나는 부흥회에 반대하지 않는다는 점을 분명히 밝힌다. 다만 오늘날 집회가 영적인 방법으로 행해지고 있는지 묻고 있을 뿐이다.) 많은 부흥 집회가 우선 회중의 감정을 격앙하고 흥분시키는 분위기를 조성하는 데 신경을 쓴다.

가령 회중의 마음을 뜨겁게 하려고 찬양을 반복하고, 설교를 시작하기 전에는 마음을 열 수 있는 감동적인 이야기를 몇 개 들려준다. 분위기가 고조된 다음에는 어떠한가? 강대상 앞에 선 설교자는 대략 분위기를 살피고는 그날 어떤 결과가 있을지 예측한다. 어떤 이들은 후들후들 떨 것이고, 어떤 이들은 흐느낄 것이고, 어떤 이들은 고백과 다짐을 할 것이라고 예상한다. 이는 인위적인 전략이지 성령의 역사가 결코 아니다.

이런 종류의 거짓 부흥은 매년 또는 주기적으로 반복된다. 부흥회의 효력이 몇 주나 몇 달 만에 사라져버려서 사람들이 이전 상태로 되돌아가기 때문이다. 부흥회 초반에는 열정과 기쁨이 가득한 것처럼 보이지만 조금 후에는 모든 것이 그치고 만다. 그 이유는 바로 생명이 결여되어 있기 때문이다.

많은 신자들의 생애가 부흥회 주기와도 비슷하다. 즉 넘어진 후에 부흥이 있고 부흥 후 또 넘어진다. 첫 번째 부흥회에서 사용된 자극제는 두 번째에 더 많이 사용된다. 효과를 나타내기 위해 더 감정적이고 극적인 방법을 동원해야 하기 때문이다.

이런 방법은 '영적 진통제'와 같다고 말할 수 있다. 약효가 떨어지는 대로 거듭 주사를 놓아야 한다. 혼은 그 자체만 살아 있을 뿐 다른 사람을 살릴 수는 없다. 만일 혼의 힘을 통해 역사한다면 신자들이 아무리 울고 결단하고 열정적으로 헌신한다 할지라도 사실 아무런 가치가 없는 것이다.

영은 생명을 공급한다

중생이 무엇인가? 그것은 주님의 부활 생명을 받는 것이다. 어찌하여 성경은 우리가 주님의 탄생이 아니라 주님의 부활을 통하여 거듭난다고 말하는가? 그 이유는 우리가 받는 새 생명이 베들레헴의 생명보다 큰 것이기 때문이다. 베들레헴에서 출생한 생명은 죽어야 할 생명이었지만 부활 생명은 결코 죽지 않는다. "(나는) … 곧 살아 있는 자라 내가 전에 죽었었노라 볼지어다 이제 세세토록 살아 있어"(계 1:17-18). 출생의 생명은 육에 속한 것이므로 죽을 수 있다. 그러나 우리가 중생할 때 얻는 생명은 영원히 살고 죽지 않는 부활 생명이다.

부활이 무엇인가? 여기에 한 시체가 누워 있다고 가정해보자. 인간의 수단으로는 그 시체를 살릴 길이 없다. 아무리 많은 에너지를 가하고 열을 주입해도 그 시체는 살아나지 않을 것이다. 그 시체를 살리는 길은 오직 하나님의 생명을 불어넣는 것이다. 죽은 자를 살리는 생명은 오직 부활 생명이다. 그리고 이것이 바로 부활이다.

죽음보다 더 비참한 것이 어디 있겠는가? 죽음보다 더 무정한 것이 어디 있겠는가? 시체는 점점 부패해간다. 그러나 부활 생명이 주입되기만 하면 생명이 죽음을 삼킬 것이다. 결국 중생한 사람이라면 죽음에 속한 것은 무엇이든지 물리칠 수 있고, 죽은 것들을 모두 벗어버릴 수 있다.

다음은 부활을 설명하는 데 종종 사용되는 예화이다. 옛날에 부활을 믿지 않는 사람이 있었다. 그는 무신론자들 사이에서 꽤 유명한 인물이었다. 그가 죽은 후 그의 묘는 대리석으로 지어졌고 그의 묘비에는 '부서지지 않는 묘'라는 비문이 새겨졌다. 매우 놀라운 일은, 대리석으로 만든 그 큰 석관이 어느 날 쪼개졌다는 것이다. 묘를 시공할 때 돌과 돌의 틈 사이로 도토리 한 알이 떨어져 들어갔고 그 도토리가 싹을 틔워 상수리나무가 되었는데 그 과정에서 무덤이 활짝 열리고 말았다. 생명을 가진 나무는 죽음의 장소를 활짝 열 수 있었다. 죽음을 정복할 수 있는 것은 생명밖에 없다. 이것이 중생이요, 이것이 부활이다.

영은 소생케 한다. 영만이 생명을 줄 수 있다. 불행하게도 오늘날에는 영의 대용품들이 너무 많다.

혼의 힘을 제거하라

하나님은 그분의 힘으로만 일하신다. 따라서 우리는 우리 혼의 생명을 묶어달라고 하나님께 기도해야 한다. 하나님을 위하여 일할 때마다 우리는 먼저 우리 자신을 처리하여 한쪽 편에 제쳐놓아야 한다. 우리의 재능과 강점을 내려놓아야 한다. 이와 같은 것들을 속박해달라고 하나님께 기도해야 한다. 우리는 "오, 하나님! 저는 하나님이 일하시기를 원하고 저의 재능과 힘은 의지하지 않기를 원합니다. 제 자신의 힘으로는 아무것도 할 수 없사오니 하나님이 친히 역사해주시옵소서"라고 기도해야 할 것이다.

오늘날 많은 사역자들은 하나님의 능력이 충분히 임하지 않는다며 자신의 힘을 개입시키려 한다. 이런 기초 위에서 하는 일은 단지 무익한 정도가 아니라 해로운 것이다. 성령의 역사는 결코 인간의 쓸데없는 참견을 용납하지 않는다는 사실을 기억하라. 나는 종종 하나님이 역사하시는 현장 가운데서는 사람이 숨조차 쉬지 않는, 마치 아무것도 할 수 없는 종이와 같은 존재가 되어야 한다고 생각한다. 우리는 아무 힘없는 종잇조각이 될 정도로 자신을 부인하고 오로지 하나님에게서 오는 힘으로 일을 해야 한다. 모든 능력이 위로부터 오고, 모든 방편도 위로부터 와야 한다. 우리는 생명을 살리는 이가 오직 성령임을 알고 있다. 하나님은 성령에 의해 역사하신다. 하나님이 일하시기를 바라는 사람이라면 혼의 생명을 묶어주시도록 기도해야 할 것이다. 우리의 혼의 힘이 살아 있는 이상 하나님은 자유롭게 일하실 수 없다.

> 내가 진실로 진실로 너희에게 이르노니 한 알의 밀이 땅에 떨어져 죽지 아니하면 한 알 그대로 있고 죽으면 많은 열매를 맺느니라 자기의 생명을 사랑하는 자는 잃어버릴 것이요 이 세상에서 자기의 생명을 미워하는 자는 영생하도록 보전하리라(요 12:24-25).

여기서 '생명'은 헬라어로 혼을 가리킨다. 즉 누구든지 자기 혼의 생명을 보존하고자 하면 잃을 것이나 누구든지 자기 혼의 생명을 잃는 자는 혼의 생명을 영생토록 보존하리라는 것이다. 이것은 우리 주님의 둘도 없는 명령이다.

주님은 "한 알의 밀이 땅에 떨어져 죽지 아니하면 한 알 그대로 있고 죽으면 많은 열매를 맺느니라"는 바로 앞 말씀을 좀 더 자세히 설명하기 위해 이 말씀을 하신 것이다.

먼저 죽어야 일이 일어난다. 우리가 우리 자신의 혼의 생명을 내려놓지 않으면 영은 결코 일할 수 없을 뿐 아니라 다른 사람에게 유익을 끼치지도 못한다. 주님의 일에 더 깊이 참예하기 위해서 우리는 혼을 실질적으로 처리하지 않으면 안 된다. 우리의 혼은 죽어져야 한다.

한 알의 밀은 그 자체로 모양과 빛깔이 아름다워 보인다. 그러나 책상 위에 놓여 있으면 백 년 후에도 한 알 그대로 있을 것이다. 결코 한 알도 더하지 못할 것이다. 우리의 혼의 힘도 이와 같다. 땅에 떨어지지 않는 밀알처럼 결단코 열매를 맺지 못한다.

이 문제를 진지하게 고찰해보자. 여러분이 지금 소유하고 있는 거룩하고 흠 없는 부활 생명은 많은 열매를 맺고 있는가? 어떤 이는 자신이 왜 다른 사람들을 돕거나 구원할 수 없는지 고민한다. 어떤 이는 사역하는 데 왜 힘이 부족할까 속상해한다. 나는 그들에게 그들 자신의 힘이 너무 크기 때문에 일할 힘이 없는 것이라고 답변할 것이다. 이미 그들 자신 안에 큰 힘이 있는데 하나님이 어떻게 일하실 수 있겠느냐고 말할 것이다. 많은 그리스도인들은 자신의 지혜, 자신의 방법, 자신의 타고난 능력을 사용함으로써 하나님의 능력을 가로막는 경우가 많다.

많은 기적 현상들이 하나님의 능력보다는 인간 혼의 힘으로 일어나고 있다. 사람의 능력에서 비롯된 이적들에서 우리는 선하고 영구적인 결과를 기대할 수 없다. 부흥회 역시 마찬가지다. 물론 큰 유익을 끼치는 부흥회도 있지만 상당수 부흥회가 당시에 매우 성공적으로 보여도 시간이 지날수록 그 효과를 잃어버리는 경우가 많다. 인간적인 방법으로 진행되었기 때문이다. 더 깊고 위대한 하나님의 사역을 지향한다면 더 이상 인간의 능력은 논하지 말라고 나는 엄숙히 선언하고 싶다. 우리의 책임은 땅에 떨어져 죽는 것이다. 우리가 죽으면 열매가 맺히고 이는 지극히 당연한 일이다.

주님은 자기의 생명을 잃어버리는 자, 곧 이 세상에서 자기의 생명을 미워하는 자에 대하여 무엇이라고 말씀하셨는가? 그 생명을 영생하도록 보존하리라고 약속하셨다.

나는 내게 웅변의 재능이 있다 하더라도 그것을 사용하지 않을 것이다. 경영의 능력이 있더라도 마찬가지다. 나는 내게 있는 재능을 마음에 두지 않을 것이며 내 사역의 수단으로도 삼지 않을 것이다. 그 재능을 결코 의지하지 않을 것이다. 대신 하나님 앞에서 잠잠히 기다릴 것이다. 이렇게 할 때 나는 생명을 얻는다. 다른 사람에게 진정한 유익을 줄 수 있고, 다른 사람들이 생명을 얻도록 도울 수 있다. 그러므로 우리는 많은 열매를 맺기 위하여 우리 자신의 힘을 사용하지 않는 법을 배우도록 하자.

능력은 부활이라는 토대 위에서 획득해야 한다. 부활은 죽음을 초월하여 사는 것이다. 우리에게 필요한 것은 더 위대한 능력이 아니라 더 깊은 죽음이다. 우리는 타고난 모든 능력을 거부해야 한다. 누구든지 자기 혼의 생명을 잃지 않는 사람은 능력에 대하여 아무것도 모르는 사람이다. 죽음을 통과한 사람만이 진정으로 생명을 소유한 사람이다. 누구든지 땅에 떨어져 죽는 밀알처럼 자기 혼의 생명을 잃는 자는 하나님의 생명 안에서 자라 많은 열매를 맺을 것이다.

나는 많은 사람들이 너무 부요하고 강하기 때문에 하나님이 일하실 여지를 주지 않는다고 믿는다. 나는 "무력하고 소망 없다"는 생각을 자주 한다. 그래서 하나님께 "내가 가진 모든 것은 다 하나님의 것이로소이다. 나는 아무것도 가진 것이 없습니다. 하나님을 떠나서는 참으로 무력하고 소망이 없나이다"라고 말한다. 우리는 하나님 없이는 숨을 내쉴 수도 없고 들이쉴 수도 없는 것처럼 하나님에 대해 의존적인 태도를 가져야 한다. 그렇게 할 때 우리는 우리의 거룩과 능력이 모두 하나님에게서 온다는 것을 알게 될 것이다. 우리의 가진 것은 모두 하나님께로부터 왔다. 소망 없고 무력한 상태로 하나님께 나아가는 우리의 모습을 하나님은 얼마나 기뻐하시겠는가!

한번은 어느 형제가 "성령이 역사하시는 조건은 무엇입니까?"라고 물었다. 이에 대해 나는 "성령은 결코 혼의 힘으로부터 도움을 받지 않는다"고 대답했다. 성령은 먼저 우리로 하여금 우리 자신의 힘으로는 아무것도 할 수 없는 상황으로 이끌어 가신다.

우리는 육적 자아로부터 나오는 모든 것을 배워야 한다. 초자연적인 일이든, 일상적인 일이든 하나님에게서 오지 않은 것이면 무엇이든 다 부정해야 한다. 그렇게 할 때 하나님은 그분이 하고자 하는 일을 성취하시려고 그분의 능력을 발하실 것이다.

주님의 모범을 배우라

"그러므로 예수께서 그들에게 이르시되 내가 진실로 진실로 너희에게 이르노니 아들이 아버지께서 하시는 일을 보지 않고는 아무것도 스스로 할 수 없나니 아버지께서 행하시는 그것을 아들도 그와 같이 행하느니라"(요 5:19).

하나님의 아들은 스스로 아무것도 할 수 없다고 말씀하셨다. 실제로 주님이 행하신 모든 일 중 단 하나도 주님 자신의 힘으로 행하신 게 없다. 이것이 우리 주님의 일관된 태도였다. 주님은 자신의 힘이나 자신의 생각으로 아무 일도 행하지 않으셨다. 자신에게서 나오는 것은 무엇이건 행하기를 거부하셨다.

그분의 혼에 무언가 잘못된 것이라도 있었는가? 그분의 혼의 힘은 유능하지 않았는가? 그렇지 않다. 주님은 죄는커녕 죄의 흔적도 없으신 분이었으므로 자신의 혼의 힘을 사용하셔도 전혀 문제되지 않았을 것이다.

그런데도 불구하고 그분은 아들이 아무것도 스스로 할 수 없다고 선언하셨다. 그토록 거룩하고 완전하신 주님이 자신의 힘 사용하기를 거부하셨다면 우리는 더더욱 그래야 하지 않겠는가?

주님은 그렇게도 완전하셨지만 시종일관 무력하고 소망 없는 자와 같이 하나님을 전적으로 의지하셨다. 그분이 세상에 오신 것은 모든 일을 하나님의 뜻에 따라 이루기 위함이었다. 한 줌의 흙에 지나지 않는 우리는 실로 아무것도 아니다. 성령의 힘으로 일하고 많은 열매를 맺기 위해서 우리는 혼의 힘을 제거하고 혼으로부터 나오는 모든 것을 부정해야 한다. 하나님의 은총이 우리와 함께하기를 축복한다.

사명선언문

너희가 흠이 없고 순전하여……세상에서 그들 가운데 빛들로
나타내며 생명의 말씀을 밝혀 _ 빌 2:15-16

1. 생명을 담겠습니다
만드는 책에 주님 주신 생명을 담겠습니다.
그 책으로 복음을 선포하겠습니다.

2. 말씀을 밝히겠습니다
생명의 근본은 말씀입니다.
말씀을 밝혀 성도와 교회의 성장을 돕겠습니다.

3. 빛이 되겠습니다
시대와 영혼의 어두움을 밝혀 주님 앞으로 이끄는
빛이 되는 책을 만들겠습니다.

4. 순전히 행하겠습니다
책을 만들고 전하는 일과 경영하는 일에 부끄러움이 없는
정직함으로 행하겠습니다.

5. 끝까지 전파하겠습니다
모든 사람에게, 땅 끝까지, 주님 오시는 그날까지
복음을 전하는 사명을 다하겠습니다.

서점 안내

광화문점	서울시 종로구 새문안로 69 구세군회관 1층 02)737-2288 / 02)737-4623(F)
강남점	서울시 서초구 신반포로 177 반포쇼핑타운 3동 2층 02)595-1211 / 02)595-3549(F)
구로점	서울시 동작구 시흥대로 602, 3층 302호 02)858-8744 / 02)838-0653(F)
노원점	서울시 노원구 동일로 1366 삼봉빌딩 지하 1층 02)938-7979 / 02)3391-6169(F)
일산점	경기도 고양시 일산서구 중앙로 1391 레이크타운 지하 1층 031)916-8787 / 031)916-8788(F)
의정부점	경기도 의정부시 청사로47번길 12 성산타워 3층 031)845-0600 / 031)852-6930(F)
인터넷서점	www.lifebook.co.kr